Library of
Davidson College

L'analyse du français

Allan W. Grundstrom

UNIVERSITY
PRESS OF
AMERICA

L'analyse du français

par
Allan W. Grundstrom
Bucknell University

UNIVERSITY
PRESS OF
AMERICA

LANHAM • NEW YORK • LONDON

Copyright © 1983 by

University Press of America,™ Inc.

4720 Boston Way
Lanham, MD 20706

3 Henrietta Street
London WC2E 8LU England

All rights reserved
Printed in the United States of America

Library of Congress Cataloging in Publication Data

Grundstrom, Allan W.
  L'analyse du français.

  Some English, chiefly French.
  Bibliography: p.
  Includes index.
  1. French language—Grammar—1950-   . 2. French
language—Text-books for foreign speakers—English.
I. Title.

PC2112.G87   1983   448.2'421   83-16768
ISBN 0-8191-3568-2 (alk. paper)
ISBN 0-8191-3569-0 (pbk. : alk. paper)

All University Press of America books are produced on acid-free
paper which exceeds the minimum standards set by the National
Historical Publications and Records Commission.

*To the memory
of*

Marian Robinson Grundstrom

Acknowledgements

In the preparation of this book many friends, colleagues, and students have contributed generously of their time, skill, and knowledge. Professors Ernst Pulgram and Robert Ladd both read the whole work in draft and offered many helpful critical comments, while disagreeing on a number of theoretical issues. Patrice Mothion's meticulous editing successfully smoothed out many of the non-native wrinkles in my French. Two classes of students cheerfully used the book in handout form, suggested improvements, and tested the exercises.

I am much indebted to Florence Silverman for patiently typing and retyping the text, often under the pressure of a short deadline, and to Bonnie Montgomery whose typesetting skills put the book into its present form. Many thanks go also to Mary Candland who drew the figures and to Nancy Luckhurst who did the initial basic work on the index.

I would like to express my gratitude to Bucknell University for its strong support of this project through a sabbatical leave, released time from teaching and the use of duplicating services including the computer controlled typesetter.

L'Analyse du français

Table des Matières

Introduction	1
1 La langue française et son analyse	3
Qu'est-ce que la langue française?	3
Les buts de l'analyse linguistique	5
Les buts du livre	5
Première Partie: Les sons du français	**7**
2 La transcription phonétique	9
Les consonnes	9
Les voyelles	12
Les semi-voyelles	12
Le E latent	13
La syllabation	13
Les signes prosodiques	13
3 L'articulation des sons	15
La production des sons	15
L'articulation vocalique	18
L'articulation semi-vocalique	25
L'articulation consonantique	26
Exercices	32
4 Les phonèmes	39
Le système consonantique	39
Le système vocalique	44
Les semi-voyelles	50
Exercices	55
5 Les syllabes	59
La syllabation ouverte	59
Les suites des consonnes permises	60
La coarticulation des sons en séquences	62
Exercices	65
6 Les prosodies	67
Le groupe accentuel	68
Le groupe intonatif	69
Les patrons prosodiques	73
L'accent d'insistance	77
Exercices	80
7 La liaison	83
Les consonnes latentes	84
La règle de la liaison	84
Les consonnes finales des numéraux	85
La liaison comme signe de cohésion phonologique	86
Exercices	92

Table des Matières

8	Le E latent	95
	Le statut phonologique du E latent	95
	La réalisation du E latent	97
	Conséquences de la chute du E latent	102
	Exercices	103

Deuxième Partie: les mots du français — 105

9	La dérivation des mots	107
	La suffixation	108
	La préfixation	112
	La dérivation sans affixe	113
	La composition	114
	Exercices	117
10	La flexion des substantifs et des adjectifs	121
	Le genre	121
	Le nombre	124
	Exercices	131
11	La flexion verbale	133
	Le temps du présent	134
	Le présent du subjonctif	141
	L'imparfait	143
	Le futur et le conditionnel	143
	Les formes du passé	146
	Les temps composés	149
	Exercices	151

Troisième Partie: Les phrases du français — 157

12	La phrase simple	159
	Deux constituants principaux	159
	Le syntagme temporel	162
	La transformation affixe	163
	Le syntagme adverbial	164
	Les modalités de la phrase simple	166
	Exercices	173
13	Le syntagme nominal	177
	La structure du syntagme nominal	177
	Le genre et le nombre	177
	Le nom	178
	Le déterminant	180
	Le syntagme adjectival	185
	L'accord dans le syntagme nominal	187
	Exercices	189

14	Le syntagme temporel..	193
	L'expansion du temps (T)	193
	Les semi-auxiliaires de l'aspect	195
	Le modal	196
	Le négatif	196
	Le passif	199
	L'accord de la personne-nombre	201
	Exercices	203
15	Le syntagme verbal	207
	Le copule et ses attributs	207
	Le verbe et ses compléments	208
	Exercices	210

Bibliographie 211

Index 213

Preface

This book is designed for a course entitled *The Structure of the French Language* which I teach to undergraduate French students at Bucknell University. The aim of the course and the book is to present these students with a new and clearer view of the French language through linguistic methods, attitudes and insights. This goal is the converse of that found in most linguistics courses. There one analyzes specific languages in order to further the students' understanding of the nature of language. Here we are using what linguistics has to say about language to help the students understand the nature of French. The students who have used this book find that it does improve their knowledge of what language is like, and in the process it improves their skills as speakers and writers of French.

Each chapter includes a set of exercises that complement the explanations in the text. My students find that they begin to understand the material well only when they have tried their own hands at these exercises. There is also a set of taped transcription exercises for the phonetics section. These are essential to that part of the book and can be made available upon request.

In writing this book it soon became apparent that many of the basic processes of French either had no generally accepted explanation, were not treated in the literature, or were explained at an intellectual level well above that of an introductory text. It is often the case therefore that I have developed my own analyses or have simplified those of others for pedagogical reasons. I trust that I have successfully avoided the dangers of idiosyncrasy or over-simplification.

Finally, let me note that one of my goals in writing this book is to encourage the inclusion of linguistic topics in the French curricula of North American colleges and universities. The insights of the discipline can make an important contribution to the education of French students, especially of those majors who go on to teach the language. Students see the value of linguistics and are receptive to the idea of studying it. I hope that the availability of this book will make it possible for those French professors who have a latent interest in the field to add a course in French linguistics to their offerings.

Introduction

Chapitre 1
La langue française et son analyse

1.1 Qu'est ce que la langue française?

Le sujet de ce livre est la langue française. Nous voulons décrire ses caractéristiques et expliquer comment ses composants se combinent pour exprimer le sens voulu par le locuteur et compris par l'auditeur. Certaines de ces caractéristiques sont partagées avec les autres langues du monde, et certaines sont particulières au français. Celles-ci constituent avant tout notre matière, mais les traits généraux des langues nous fournissent le cadre qui circonscrit notre étude. Le français s'explique dans le contexte de ce que nous savons du langage en général. Ainsi nous utilisons les théories et les méthodes de la linguistique moderne de façon à mieux comprendre les particularités du français. Dans cette introduction nous esquissons quelques-uns des grands traits des langues présupposés par notre analyse du français.

Une langue est un phénomène à la fois social et psychologique. Elle est sociale parce qu'elle est une création de la société et une partie intégrale de la vie en commun. C'est le fait d'être partagée par tous les membres de la communauté qui permet à la langue de servir à la communication. Pour cette raison tous les individus de la société doivent posséder des grammaires presque identiques. En effet, chacun a une version individuelle de la grammaire collective qui s'est évoluée avec la société. Une langue ressemble à une ruche d'abeilles où toutes les grammaires individuelles s'additionnent pour créer un ensemble organisé et cohérent.

Le langage est psychologique dans le sens que chaque acte de la parole est un acte individuel, formulé dans le cerveau du locuteur et perçu dans le cerveau de l'auditeur. Malgré l'importance de la transmission acoustique des sons, c'est l'activité cérébrale qui est centrale à la communication linguistique. Le codage des idées en formes linguistiques et le décodage des énoncés de la langue en formes cognitives dépendent de la grammaire dans nos cerveaux.

Une langue existe à deux niveaux: le concret et l'abstrait. Elle est d'abord concrète dans ses réalisations. La stimulation de neurones, le mouvement des organes de la parole, les vibrations acoustiques dans l'air, sont tous des aspects concrets du langage que nous pouvons examiner selon les méthodes des sciences physiques: la neurologie, la physiologie, et la physique. En linguistique cette examination de tous ces aspects concrets de la langue tombe sous le rubrique de la phonétique. Ce côté de l'étude de la langue est très important à la bonne compréhension de la langue, parce que les capacités de ces moyens de réalisation concrets ont bien influencées ses formes et ses fonctions. Néanmoins, l'essentiel d'une langue est intangible, une création intellectuelle et abstraite: les unités de sons, les mots, les phrases, aussi bien que les règles de leur formation et de leur emploi, sont toutes des synthèses mentales. Dans notre analyse de la langue nous passerons donc très rapidement de la phonétique

Introduction

concrète à la grammaire abstraite.

En tant que conception intellectuelle la langue est très systématique et en tant qu'invention humaine employée depuis l'existence de notre espèce elle est aussi très complexe et variée. Le grand but de la linguistique est de retrouver ce qui est systématique dans la langue: une tâche rendue difficile et intéressante par le fait que le système n'est pas toujours apparent. Il y a souvent des régularités cachées sous la surface des formes. Superficielles ou celées dans une structure profonde, nous exprimons ces régularités en règle générale. En même temps nous sommes obligés d'admettre que tout dans la langue n'est pas systématique. Certains éléments échappent aux systèmes et ainsi à nos règles.

Beaucoup de langues de ce monde, dont le français, ont deux manifestations: le parlé et l'écrit. Suivant la coûtume en linguistique (qui est contraire à la tradition grammaticale) nous nous intéressons presque exclusivement à la langue parlée. La linguistique ne nie point la grande importance de la langue écrite dans le monde moderne. Dans un pays hautement lettré comme la France la langue écrite a même une existence à elle, bien séparée de la langue parlée. Néanmoins les faits linguistiques nous convainquent que la forme orale est la langue de fond, dont la langue écrite est une dérivation. Pour comprendre les systèmes, les formes et les fonctions d'une langue, il faut commencer par la langue de base, c'est à dire la langue parlée. D'autant plus que les deux manifestations de la langue sont très différentes. Cette tâche est suffisamment difficile. Il n'est pas nécessaire de la compliquer davantage par l'inclusion de la langue écrite. Celle-ci diffère par son conservatisme, par l'influence des grammariens et des professeurs, et par le fait que l'action d'écrire est une activité bien consciente. L'écrivain a bien conscience de ce qu'il fait et surveille soigneusement sa langue. Par contre, le locuteur est beaucoup moins conscient du système qu'il utilise en parlant.

Une langue est en même temps diverse et homogène. La linguistique insiste surtout sur la diversité des formes de la langue, et avec raison. Nous venons de voir que la langue varie d'un individu à l'autre. Ces variations sont minimales parmi des gens qui se parlent fréquemment, mais elles augmentent au fur et à mesure que l'on passe d'une région à l'autre, ou d'une classe sociale à l'autre. Moins on se parle, plus on possède des grammaires différentes. De telles différences sont évidentes entre des régions lointaines comme Montréal et Paris. Elles existent aussi entre Toulouse et Tours et même entre les 16me et 20me arrondissements à Paris. Il est aussi vrai que la même personne varie sa langue selon le style voulu: familier, soigné, ou conférencier; parlé ou écrit.

Malgré ces variations individuelles, dialectales et stylistiques, une langue est aussi très homogène. Quand ils ont l'occasion de se parler, les habitants de Québec, de Marseille, ou de Genève se comprennent bien, parce qu'ils ont au fond la même grammaire. Le terme **langue française** recouvre le langage de tous ces gens et de beaucoup d'autres. Dans les détails de la réalisation, surtout la prononciation et le vocabulaire, les différences sont bien perceptibles, mais au niveau du système leurs grammaires sont très similaires. Les mots fonctionnels, les terminaisons, l'ordre des mots, la structure des phrases sont en grande partie identiques. Au fond, leurs ressemblances sont plus importantes que leurs différences.

Tout en admettant les variétés qui existent, nous essayons ici de traiter la grammaire qui est commune à tous les gens de langue française. A ce but nous postulons une variété de langue idéale, le français standard. C'est le français enseigné à l'école, appris par les étrangers, et accepté comme modèle par la grande majorité de francophones. Il est le résultat d'un accord social entre Français qui n'est jamais explicité, jamais exprimé. Puisqu'il incarne toutes les inégalités de la société, il faut admettre que la langue de certaines gens, les Parisiens cultivés, est considérée comme plus prestigieuse. Ainsi ce dialecte contribue davantage à la création du standard.

1.2 Les buts de l'analyse linguistique

En faisant une analyse linguistique de la langue française nous avons deux tâches corrélatives: présenter les faits de la langue d'une manière précise et rigoureuse et en même temps expliquer le système de la langue qui relie ces faits. Nous voulons écrire une grammaire qui soit compatible avec les données du français et qui explique bien la réalité linguistique. Il ne suffit pas de cataloguer les faits; il faut apercevoir les régularités qui les unissent. Ainsi notre travail analytique nous mènera à formuler des hypothèses qui rendent compte des régularités du français. Ces hypothèses prendront la forme de règles, et l'ensemble des règles constituera l'essentiel d'une grammaire.

Ces deux mots **règle** et **grammaire** se prêtent facilement à de fausses interprétations. En linguistique ces deux termes n'ont rien à faire avec le bon usage. Les règles linguistiques ne prescrivent pas comment on devrait parler ou écrire, elles essayent plutôt de clarifier le système: c'est à dire de rendre explicite et formelle la grammaire mentale des Français. Donc la grammaire écrite qui sort de notre analyse linguistique n'est qu'une théorie qui veut expliquer cette grammaire mentale. Et les formes et les règles dont elle est composée ne sont que des généralisations à vérifier et à intégrer dans le système. Au fond, l'analyse linguistique cherche à expliquer le langage humain sans pour autant donner des conseils aux locuteurs ou aux écrivains.

Pendant nos efforts à analyser le français, à formuler donc une bonne grammaire de la langue, nous devons nous rappeler toujours qu'aucune théorie de la langue n'est parfaite. D'abord, l'état actuel de nos connaissances du français nous oblige à laisser de côté beaucoup de données. Et il faut admettre que la grammaire n'est pas complètement systématique. Il y aura toujours des exceptions qui échappent à nos règles. Deuxièmement, c'est une réalité de toute entreprise scientifique qu'une explication intelligente et bien fondée peut à tout moment être remplacée par une théorie encore plus profonde et plus pénétrante. Nous proposons donc des règles linguistiques qui semblent interpréter les données comme il faut, tout en sachant que l'analyse qui paraît impeccable aujourd'hui peut se montrer douteuse ou mal conçue demain. Nous faisons des progrès en linguistique en écrivant des grammaires successives qui s'approchent de plus en plus de la réalité.

1.3 Les buts du livre

Le but principal de ce livre est donc d'apprendre à analyser le français selon la

Introduction

perspective de la linguistique moderne. Ce n'est pas une grammaire française dans le sens traditionnel. Puisqu'il n'embrasse pas tous les problèmes du français, le lecteur ne pourra pas y gagner une connaissance encyclopédique des détails grammaticaux. Par contre, il pourra bien obtenir une bonne perspective sur la logique du système grammatical français et l'habilité de faire une bonne analyse selon les méthodes et les théories de la linguistique. Avec un peu de réflexion, et un peu de chance, il saura expliquer lui-même beaucoup des faits de la langue. Préférant une éducation à la Montaigne, nous voulons encourager une tête linguistique bien faite au lieu d'une tête bien pleine.

Aussi aborderons-nous les éléments de la grammaire française les plus importants et les plus susceptibles d'être analysés. Ces éléments sont organisés en trois parties très liées: l'étude des sons (la phonologie), des mots (la morphologie), et des phrases (la syntaxe). Cet ordre de présentation, choisi pour des raisons pédagogiques, n'a rien à faire avec l'organisation d'une grammaire mentale (dont nous ne savons presque rien), ni avec la structure d'une théorie grammaticale. Nous passons de la phonologie à la morphologie et finalement à la syntaxe surtout parce que cette succession nous permet d'avancer graduellement du plus concret au plus abstrait.

Etant donné nos buts pédagogiques, les limites de l'espace, et l'état actuel de nos connaissances, ce livre ne prétend pas présenter une grammaire complète du français. Nous nous contenterons de quelques aperçus qui mèneraient le lecteur à une meilleure compréhension des formes et des fonctions de la langue. Si le lecteur est un étudiant non-francophone, nous espérons que cette connaissance l'aidera au perfectionnement de son français; s'il est professeur, qu'il enseignera mieux; et s'il est linguiste, qu'il connaîtra l'essentiel de cette langue.

Première Partie
Les sons du français

Chapitre 2
La transcription phonétique

Avant d'aborder l'analyse des sons il faut nous mettre d'accord sur un moyen de représenter les sons par écrit. Si nous convenons qu'un certain symbole représente toujours le même son de la langue et qu'aucun autre symbole ne sera utilisé pour ce même son, nous aurons confiance, auteur et lecteur, d'avoir le même son en tête chaque fois que nous voyons ce symbole. Cette précision dans la transcription des sons évitera toute ambiguïté et sera indispensable à l'analyse de la langue.

L'orthographe normale du français n'est pas trop loin de pouvoir servir à nos besoins, mais il faudrait plusieurs modifications pour enlever tout ambiguïté. Il est préférable donc d'emprunter **l'alphabet phonétique international**, développé spécialement pour la transcription. Cet alphabet a les avantages d'être très proche de l'orthographe française, très répandu dans les articles sur la phonétique, et employé dans les principaux dictionnaires français.

2.1 Les consonnes

Nous profiterons de votre connaissance de la prononciation de certains mots français pour vous indiquer les sons qui s'attachent aux symboles phonétiques. (Pour vérifier chaque son, écoutez la bande No. 1.) Les consonnes sont présentées dans le Tableau 2.1 dans un ordre établi selon des critères phonétiques qui seront bientôt évidents. Le symbole phonétique se lie avec la *prononciation* de la consonne soulignée. C'est le *son* de la lettre soulignée qui est important. Il faut faire attention parce que dans l'orthographe une seule lettre peut représenter plusieurs sons.

On voit dans la première colonne du Tableau 2.1 la série de tous les mots français qui riment avec *pain* /pɛ̃/. Puisque tous les mots de cette série sont entendus comme des mots différents, et que la seule différence phonétique entre ces mots se trouve à la consonne initiale, nous devons conclure que ces consonnes sont distinctes l'une de l'autre dans le répertoire des consonnes françaises. Une telle série, où chaque mot diffère des autres par un seul son, constitue une **série minimale**. Et deux mots quelconques de cette série forment une **paire minimale**.

La deuxième colonne du Tableau 2.1 présente la série des mots qui riment avec *pends* /pɑ̃/. Cette série minimale nous démontre l'existence de deux autres consonnes distinctives qui n'appartenaient pas à la première série ce sont le /ʃ/ dans le mot *champs* et le /ʒ/ dans le mot *gens*.

Il existe encore deux autres consonnes françaises qui ne font partie ni de l'une ni de l'autre de ces deux séries minimales parce qu'elles ne se trouvent jamais en tête de mot. Nous avons donc besoin d'une troisième série: tous les mots qui commencent par /ka-/ et qui se terminent par une seule consonne. Cette série nous signale la présence des consonnes /ɲ/, dans le mot *khagne* et /j/, dans le mot *caille*.

Les sons du français

Tableau 2.1
Symboles pour transcrire les consonnes du français

Symbole	Mots clés					
/p/	pain	/pɛ̃/	pends	/pɑ̃/	cape	/kap/
/t/	teint	/tɛ̃/	tant	/tɑ̃/		
/k/	quint	/kɛ̃/	quand	/kɑ̃/		
/b/	bain	/bɛ̃/	banc	/bɑ̃/		
/d/	daim	/dɛ̃/	dans	/dɑ̃/		
/g/	gain	/gɛ̃/	gant	/gɑ̃/		
/m/	main	/mɛ̃/	ment	/mɑ̃/		
/n/	nain	/nɛ̃/			Cannes	/kan/
/ɲ/					khagne	/kaɲ/
/f/	faim	/fɛ̃/	fend	/fɑ̃/		
/s/	sain	/sɛ̃/	sang	/sɑ̃/	casse	/kas/
/ʃ/			champs	/ʃɑ̃/	cache	/kaʃ/
/v/	vain	/vɛ̃/	vent	/vɑ̃/	cave	/kav/
/z/	zinc	/zɛ̃/			case	/kaz/
/ʒ/			gens	/ʒɑ̃/	cage	/kaʒ/
/l/	lin	/lɛ̃/	lent	/lɑ̃/	cale	/kal/
/r/	rein	/rɛ̃/	rend	/rɑ̃/	car	/kar/
/w/	oint	/wɛ̃/				
/j/					caille	/kaj/

Trois séries minimales qui illustrent les 19 consonnes du français. Dans la première colonne les consonnes se trouvent devant la voyelle /ɛ̃/, dans la deuxième elles sont devant /ɑ̃/, et dans la troisième elles se trouvent après /a/.

La transcription phonétique

Tableau 2.2
Symboles pour transcrire les voyelles du français

Mots clés

/i/	lit	/li/	lire	/lir/
/y/	lu	/ly/		
/u/	loup	/lu/		
/e/	les	/le/		
/ɛ/	lait	/lɛ/	l'air	/lɛr/
/o/	l'eau	/lo/		
/ɔ/			lors	/lɔr/
/ø/	leu	/lø/		
/œ/			leur	/lœr/
/a/	la	/la/	l'art	/lar/
/ɛ̃/	lin	/lɛ̃/		
/ã/	lent	/lã/		
/ɔ̃/	l'on	/lɔ̃/		
/œ̃/	l'un	/lœ̃/		
/ɑ/	las	/lɑ/	lasse	/lɑs/

Deux séries minimales qui illustrent les 15 voyelles éventuellement distinctives du français. Dans la première colonne se trouvent des mots dont les voyelles suivent la consonne /l/, et dans la deuxième colonne elles se retrouvent entre /l/ et /r/. (Pour illustrer la voyelle /ɑ/ une consonne finale différente était nécessaire.)

2.2 Les voyelles

Les voyelles françaises se présentent, exactement comme les consonnes, en séries minimales. Chacune des deux séries minimales du Tableau 2.2 montre les voyelles dans une syllabe de forme différente: consonne + voyelle (CV), dite syllabe ouverte, et consonne + voyelle + consonne (CVC), dite syllabe fermée. On verra bientôt que la forme de la syllabe a une grand influence sur la prononciation des voyelles en français.

Ce tableau présente toute les voyelles éventuellement distinctives en français. C'est le système maximum. Il faudra noter, pourtant, que beaucoup de gens dont la langue est considérée comme très correcte n'emploient pas toutes ces voyelles. Elles remplacent /œ̃/ par /ɛ̃/ et /ɑ/ par /a/. Evidemment tous les Français n'ont pas le même système vocalique. Ainsi les voyelles /œ̃/ et /ɑ/ sont mises à part dans le tableau. En tant que phonéticien ou linguiste il faudra reconnaître et pouvoir transcrire ces voyelles quand elles sont prononcées, bien qu'elles soient entendues de moins en moins souvent.

2.3 Les semi-voyelles

Le Tableau 2.3 présente les trois semi-voyelles de la langue /j/, /ɥ/, /w/. Le statut phonologique de ces sons est un peu complexe. Parfois les sons [j] et [w] font partie du système consonantique, et parfois ils sont des variantes des voyelles /i/ et /u/ (Voir le paragraphe 4.3). Dans notre transcription pourtant nous suivrons l'usage traditionnel en phonétique et écrivons les symboles *j* et *w* chaque fois que ces sons apparaissent. Nous ne nous demanderons pas s'ils sont, du point de vue phonologique, des réalisations d'une consonne ou d'une voyelle.

Tableau 2.3

Symboles pour transcrire les semi-voyelles du français

Symbole			Mots clés			
/j/	riez	/rje/	lieur	/ljœr/	miette	/mjɛt/
/ɥ/	ruer	/rɥe/	lueur	/lɥœr/	muette	/mɥɛt/
/w/	rouer	/rwe/	loueur	/lwœr/	mouette	/mwɛt/

Trois séries minimales qui illustrent les trois semi-voyelles du français. Ces semi-voyelles peuvent alterner avec leurs voyelles homologues /i, y, u/.

2.4 Le E latent

Afin de bien transcrire le français il est important de reconnaître une dernière voyelle, le célèbre /ə/. Son statut phonologique est bien exceptionnel et beaucoup discuté par les linguistes parce que c'est une voyelle différente des autres. Elle est différente d'abord parce qu'elle a une forme phonétique très proche de, ou même identique à, /œ/ (voir Malécot et Chollet, 1977). Et deuxièmement, elle est un cas spécial parce qu'elle n'est pas toujours prononcée. Le mot *petit*, par exemple, peut se prononcer /pəti/ ou /pti/ selon sa position dans l'énoncé. Les particularités du /ə/ sont suffisamment compliquées qu'un chapitre entier sera consacré à leur discussion (voir Chapitre 8).

Néanmoins, le /ə/ pose un problème pour la transcription phonétique que nous devons aborder ici. Le manque de différence phonétique entre /ə/ et /œ/ crée une ambiguïté à résoudre pour celui qui voudrait transcrire les deux unités de la langue. On ne peut pas choisir entre les deux symboles par l'oreille seule; des critères phonologiques entrent en jeu. Cela revient à dire qu'il faut connaître le mot. Si vous ne reconnaissez pas le mot il y a quelques règles d'ordre pratique (elles n'ont aucune signification théorique) qui vous aidera dans le choix entre /ə/ et /œ/. On utilise le symbole /ə/ si le son pourrait disparaître en d'autres prononciations du même mot, e.g., /pəti/ et /pti/, ou si le son est écrit dans l'orthographe par la lettre *e* sans accent. On emploie le symbole /œ/, si le son est prononcé dans toutes les formes du même mot, si le son est accentué, ou si le son est écrit par les lettres *eu*.

2.5 La syllabation

En transcrivant la suite des consonnes et voyelles qui forment les mots français, il est important de noter les divisions syllabiques. Cela se fait par le simple moyen d'un espace entre les symboles phonétiques. Par exemple, *elle téléphone* est transcrit en quatre syllabes /ɛl te le fɔn/. L'oreille a parfois du mal à entendre la frontière entre deux syllabes, mais en français une tendance très claire nous aide. Autant que possible la langue préfère les syllabes qui se terminent par une voyelle. De telles syllabes sont appelées **ouvertes** (les syllabes à consonne finale sont **fermées**). Cette préférence nette pour la syllabation ouverte nous avertit que toute consonne est attachée à une voyelle suivante. Ainsi la transcription /ɛl tel e fɔn/ serait mauvaise parce que le /l/ est libre de s'attacher au /e/ suivant. Même si la consonne et la voyelle appartiennent à des mots différents, la syllabe ouverte est préférée. Voir la coupe syllabique des phrases *elle appelle* /ɛ la pɛl/ et *nous l'avons vu* /nu la vɔ̃ vy/.

2.6 Les signes prosodiques

Plus tard, après avoir étudié l'accent final, l'accent d'insistance, et l'intonation, nous ajouterons à nos transcriptions des signes supplémentaires pour noter ces phénomènes prosodiques.

Chapitre 3
L'articulation des sons

Une charactéristique essentielle de toutes les langues est qu'elles sont parlées. Elles se réalisent en forme de sons produits par un locuteur, transmis dans l'air, et perçus par un auditeur. La nature même du langage humain-ses fonctions, son organisation, ses formes-est en grande partie déterminée par son essence orale. La langue écrite, aussi importante qu'elle soit, doit son existence à une langue orale précédante. Notre analyse commencera donc par l'étude des sons, l'aspect le plus concret de la langue.

Afin de comprendre quelque chose du fonctionnement du français nous devons connaître un peu sa **phonétique**: la production physiologique des sons, leur transmission acoustique, et leur perception auditive. Ensuite nous pouvons passer à la **phonologie**: l'emploi fonctionnel des sons dans la langue. Nous suivrons la tradition en phonétique et insisterons surtout sur la physiologie de la production des sons. C'est la partie de la phonétique la mieux comprise et la plus utile au linguiste.

3.1 La production des sons

Les sons de la parole se produisent dans une colonne d'air qui sort de la bouche du locuteur et se répand jusqu'à l'oreille de l'auditeur. Cette colonne d'air, expirée des poumons, est excitée dans son passage à travers la glotte et le canal vocal avant de sortir d'entre les deux lèvres. L'excitation qui a lieu dans la glotte s'appelle la **phonation**, et les modifications supplémentaires dans le canal vocal ont le nom d'**articulation**.

3.1.1 Les organes de la parole
Toute description de la phonation et de l'articulation dépend d'une connaissance des organes de la parole et de leurs fonctions. La discussion qui suit suppose donc une familiarité avec ces organes articulatoires présentés dans la Figure 3.1.

3.1.2 La phonation
La phonation a lieu dans le **larynx**, un cartilage en forme d'anneau situé dans le cou, qui est connu populairement comme la pomme d'Adam. C'est le cartilage supérieur de la trachée. A l'intérieur de ce cartilage se trouvent deux lèvres de membrane et de muscle appelées les **cordes vocales**, bien que le terme **lèvres vocales** soit plus descriptif de la réalité anatomique. Dans la terminologie phonétique le mot **glotte** est réservé à l'ouverture entre les lèvres vocales. Voir la Figure 3.2.

Selon la largeur et la tension des lèvres vocales nous distinguons quatre états de la glotte: (a) l'air phonateur traverse la glotte sans entrave (sons non-voisés), (b) une constriction partielle des lèvres crée un bruit de friction dans l'air qui passe (le son du /h/ anglais), (c) les lèvres vocales plus tendues et plus fermées sont mises en vibration

Les sons du français

Figure 3.1

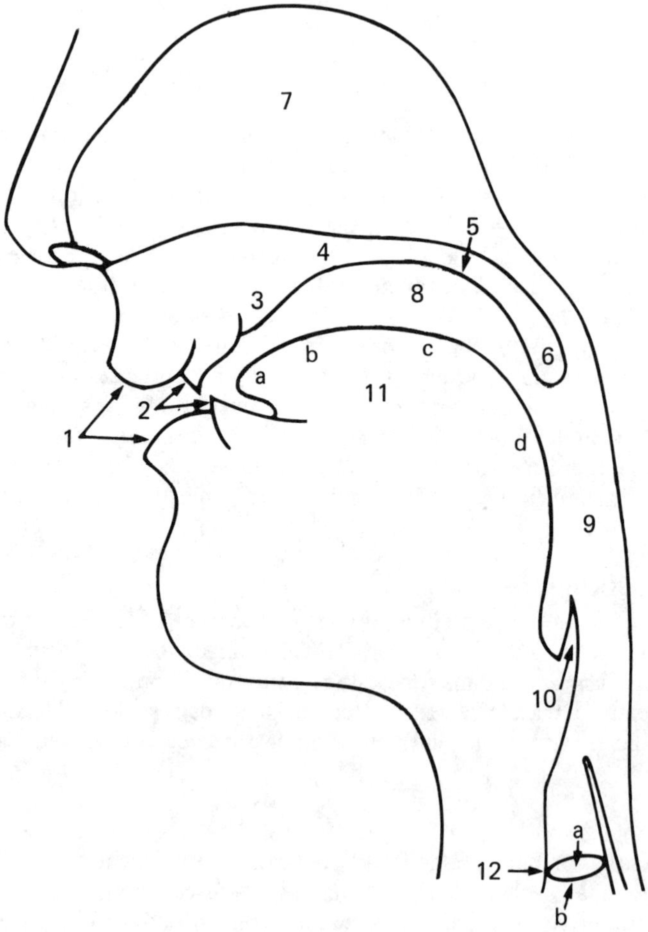

Les organes de la parole

1. les lèvres inférieures supérieures
2. les dents inférieures supérieures
3. les alvéoles
4. le palais dur
5. le palais mou (le voile du palais)
6. la luette
7. les fosses nasales
8. la cavité buccale
9. la cavité pharyngienne (le pharynx)
10. l'épiglotte
11. la langue
    a. la pointe
    b. la lame
    c. le dos
    d. la racine
12. le larynx
    a. la glotte
    b. les cordes vocales
       (les lèvres vocales)

Figure 3.2

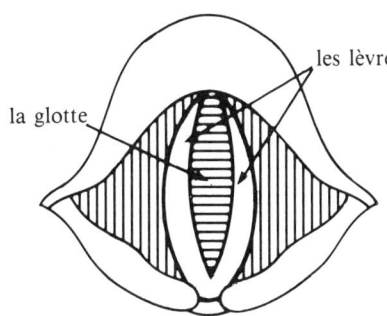

A. lèvres vocales ouvertes
   (sons non-voisés)

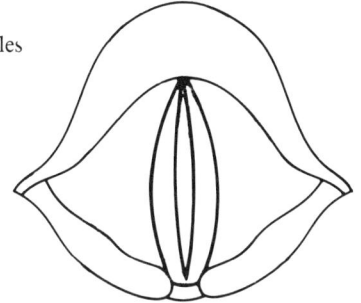

B. constriction partielle des lèvres vocales
   (son du /h/ anglais)

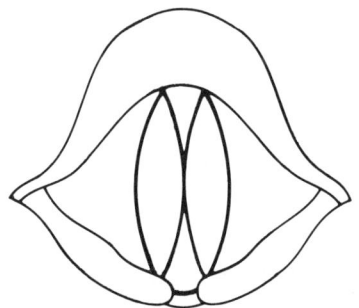

C. vibration des lèvres vocales
   (sons voisés)

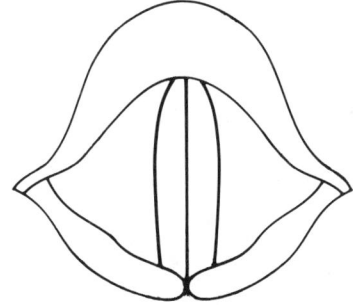

D. lèvres vocales fermées
   (coup de glotte)

Quatre états de la glotte

par l'air sortant de la trachée (sons voisés), et (d) l'air phonateur est arrêté momentanément par la fermeture complète de la glotte (un coup de glotte). De ces quatre conditions possibles, deux sont fréquentes en français: le passage libre de l'air entre les lèvres ouvertes pour les sons non-voisés (/p, t, k/), et la production d'un ton périodique par la vibration des lèvres pour les consonnes voisées (/b, d, g/) et pour toutes les voyelles. Les deux autres phonations éventuelles ne sont utilisées que rarement en français. Un coup de glotte est pour certains locuteurs la réalisation du *h* aspiré, et on dit que la friction glottale du *h* anglais peut s'entendre de temps en temps au théâtre.

3.1.3 L'articulation

Après être sortie de la glotte la colonne d'air entre dans le canal vocal où sa modification acoustique continue. Si cette colonne d'air est voisée (si elle contient un ton périodique créé par la vibration des lèvres vocales), elle subit la résonance des cavités du pharynx, de la bouche, et parfois du nez. Cette résonance détermine la qualité du ton, et cette qualité tonale sert à distinguer les différentes voyelles les unes des autres. Par l'articulation, c'est à dire, par les mouvements de la langue, du voile du palais, et des lèvres, nous changeons la grandeur des cavités et produisons des voyelles différentes. Dans la production des voyelles la colonne d'air sort de la bouche sans autre modification que celle des résonances.

Par contre, les consonnes subissent des modifications supplémentaires dans le canal vocal; elles y rencontrent des obstacles. Le passage de l'air à travers un de ces obstacles provoque un bruit de friction ou d'explosion. Encore une fois ce sont les positions de la langue, du voile du palais, et des lèvres qui déterminent l'articulation. Selon l'espèce de l'obstacle créé par ces organes articulatoires des bruits différents sont produits, et ainsi des consonnes différentes.

Ces articulations dans le canal vocal nous offrent une des meilleures façons de décrire les voyelles et les consonnes. Pour identifier les voyelles françaises il suffit de préciser la position de la langue, la forme des lèvres, et si le voile du palais est ouvert ou fermé. Les consonnes françaises se décrivent avant tout par leur **mode d'articulation** (espèce d'obstacle) et leur **lieu d'articulation** (localisation de l'obstacle). En plus, la description de beaucoup de consonnes comprend une indication de leur phonation. Il faut savoir si elles sont voisées ou non. La description des voyelles peut se passer de cette indication. Le voisement étant essentiel à la production vocalique, toute voyelle est forcément voisée.

3.2 L'articulation vocalique

Du point de vue physiologique, la production des voyelles est plus simple que celle des consonnes. L'air phonateur passe par le canal vocal sans entrave sérieuse; aucun des organes articulatoires ne s'approche de très près. Notre description des voyelles insistera d'abord sur les mouvements articulatoires importants qui déterminent le timbre ou la qualité vocalique. Cette qualité dépend des volumes des cavités du canal vocal. Ce sont ces cavités qui créent les résonances liées à notre perception du timbre

Figure 3.3

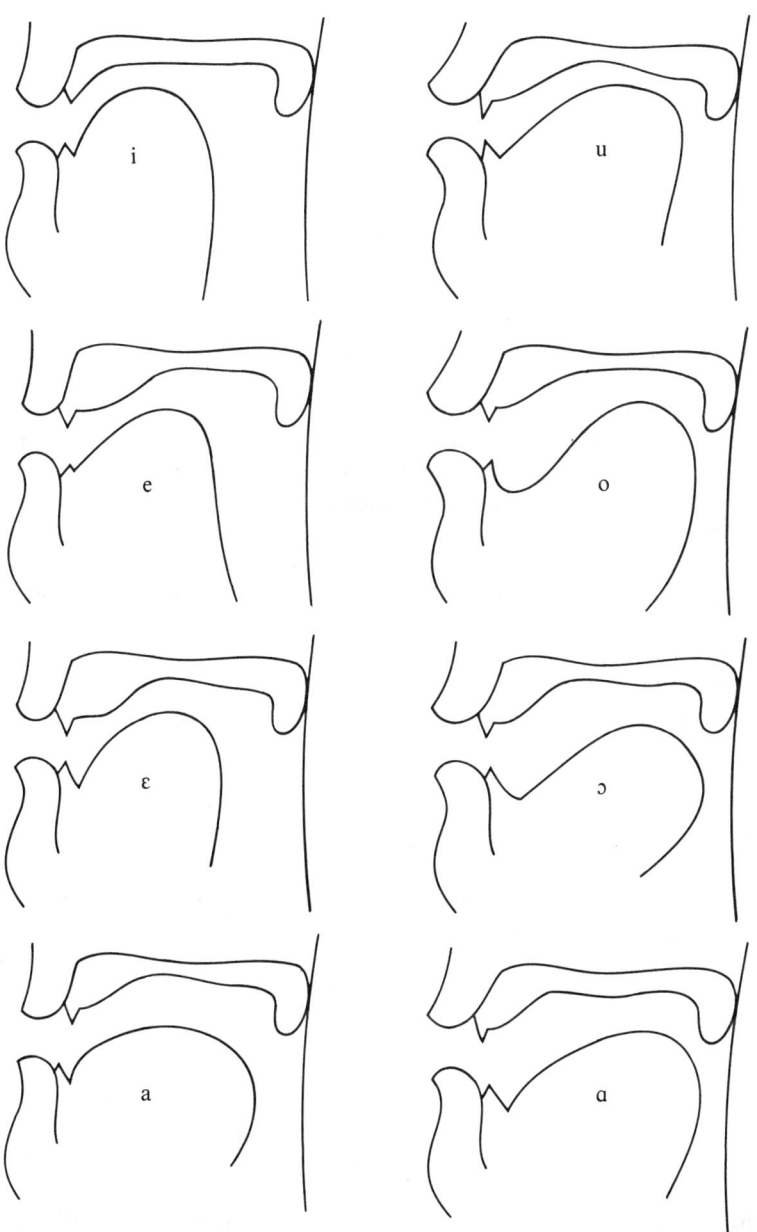

La position de la langue pour les huit voyelles orales /i, e, ɛ, ɑ, a, o, u/.

des différentes voyelles de la langue. Au lieu de décrire ces cavités directement la phonétique a toujours préféré spécifier les positions de la langue, des lèvres, et du voile du palais. Cela donne une description physiologique très utile pour la description des voyelles et aussi pour l'enseignement de la bonne prononciation de la langue, maternelle ou étrangère. Nous regarderons donc les voyelles du français en décrivant trois influences sur leur timbre: la position de la langue dans l'espace buccal, la forme des lèvres (arrondies ou non), et la nasalité (si le voile du palais est elevé ou abaissé).

3.2.1 La position de la langue dans la bouche

La tradition en phonétique est de décrire la position de la langue dans la bouche en donnant la position du point le plus haut de la langue. Ce point haut est localisé dans l'espace vocalique en indiquant son emplacement sur les axes horizontal et vertical. Les positions de la langue, pour huit voyelles orales du français apparaissent dans la Figure 3.3. La voyelle /ɑ/ est inclue dans cette figure afin de montrer le répertoire complet de certains Français, bien que son usage soit de plus en plus rare en France. Pour distinguer toutes les voyelles différentes du français il suffit de préciser deux positions relatives sur l'axe horizontal: voyelle antérieure ou postérieure, et quatre niveaux sur l'axe vertical: voyelle haute, mi-haute, mi-basse, ou basse. Très souvent dans la littérature phonétique française on appelle les pôles de l'axe vertical **fermé** et **ouvert**.Cette terminologie est basée sur l'ouverture des lèvres et me semble moins claire que les termes **haut** et **bas** qui indiquent la position de la langue dans la bouche. Les termes **fermé** et **ouvert** ont en plus l'inconvénient de se confondre facilement avec les syllabes fermées ou ouvertes.

Dans la Figure 3.4 nous faisons abstraction de tous les détails phonétiques sauf la position du point haut de la langue. On y voit ces huit mêmes voyelles en termes seuls de leur antériorité et de leur hauteur.

Figure 3.4

	antérieure	postérieure
haute	i	u
mi-haute	e	o
mi-basse	ɛ	ɔ
basse	a	(ɑ)

Les huit voyelles /i, e, ɛ, a, ɑ, ɔ, o, u/ selon la position relative du point haut de la langue. Les parenthèses indiquent une voyelle qui est absente du langage de beaucoup de locuteurs.

3.2.2 La forme des lèvres

Une seconde influence sur la qualité vocalique est la forme de l'ouverture entre les deux lèvres. La voyelle qui sort de la bouche varie en qualité selon que les lèvres sont **arrondies** ou **écartées**. Ces deux positions labiales sont illustrées dans la Figure 3.5.

Figure 3.5

lèvres écartées   lèvres arrondies

Les positions des lèvres pendant la prononciation des voyelles antérieures écartée et arrondie.

En français les lèvres sont automatiquement arrondies si la voyelle est postérieure. Ainsi les voyelles /u, o, ɔ/ sont toujours prononcées avec lèvres arrondies. Quand la voyelle est antérieure, pourtant, la forme des lèvres n'est pas automatique. Il y a une distinction à faire entre les voyelles antérieures écartées, la série /i, e, ɛ/, et les voyelles antérieures arrondies, la série /y, ø, œ/. Les positions de la langue pour les trois voyelles antérieures arrondies se voient dans la Figure 3.6.

Les voyelles /a/ et /ɑ/ n'entrent pas dans ces séries de voyelles arrondies ou non. Prononcées avec les lèvres dans une position intermédiare, /a/ et /ɑ/ ne sont ni arrondies ni écartées. Cette neutralisation de l'arrondissement est le résultat naturel de la physiologie. Au fur et à mesure que la langue est plus haute, la bouche est plus fermée et l'action d'arrondir les lèvres est plus facile à faire et mieux réussie. Par conséquent, les voyelles hautes /y/ et /u/ ont les lèvres plus arrondies que les voyelles mi-hautes /ø/ et /o/, et celles-ci sont plus arrondies que /œ/ et /ɔ/. Voir la Figure 3.7. Cette diminution progressive dans l'arrondissement aboutit à la voyelle basse /ɑ/, où une différence entre lèvres arrondies et lèvres écartées serait à peine perceptible. Les langues n'utilisent guère une différence phonétique difficile à réaliser ou à percevoir.

Nous pouvons maintenant établir un schéma un peu plus abstrait qui représente les rapports articulatoires entre onze voyelles françaises. La Figure 3.8 est basée sur les distinctions: antérieure/postérieure, écartée/arrondie, et quatre niveaux de hauteur.

Figure 3.6

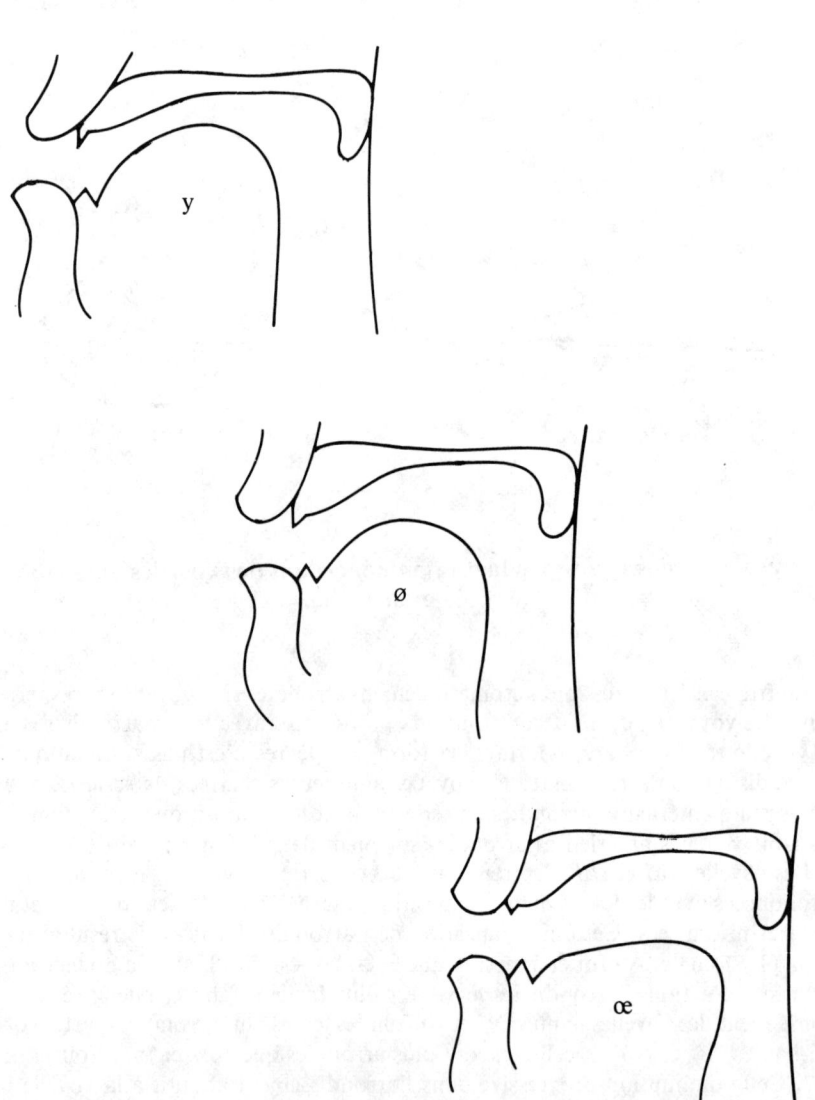

La position de la langue et son point haut pour les voyelles antérieures arrondies /y, ø, œ/.

Figure 3.7

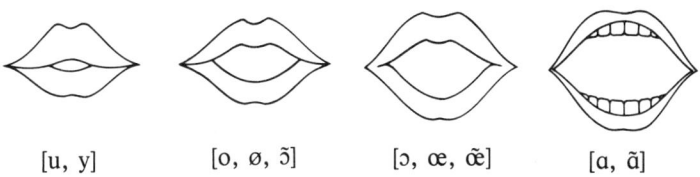

[u, y]   [o, ø, ɔ̃]   [ɔ, œ, œ̃]   [a, ɑ̃]

L'arrondissement progressif des lèvres selon la hauteur de la langue.

Figure 3.8

	antérieure		postérieure
	écartée	arrondie	arrondie
haute	i	y	u
mi-haute	e	ø	o
mi-basse	ɛ	œ	ɔ
basse	a		(ɑ)

Les onze voyelles, /i, e, ɛ, ɑ, a, ɔ, o, u/ plus /y, ø, œ/, selon la position relative du point haut de la langue. Les parenthèses indiquent une voyelle qui est absente du langage de beaucoup de locuteurs.

3.2.3 La nasalité

La troisième influence sur la qualité vocalique pertinente aux voyelles françaises est la nasalité. Normalement pendant la production d'une voyelle orale le voile du palais est levé de sorte que le passage entre le pharynx et les fosses nasales est fermé. Ainsi, pour toutes les voyelles orales de la Figure 3.4 le voile du palais est levé. Quand ce voile du palais est abaissé, comme dans les voyelles nasales de la Figure 3.9, la cavité nasale est ouverte à la colonne d'air phonateur. L'ouverture de cette cavité ajoute la résonance si caractéristique des voyelles nasales. En fait, très peu d'air sort par les narines, mais la différence de qualité vocalique est frappante à l'oreille. La Figure 3.9 montre les articulations typiques pour les quatre voyelles nasales du français.

Figure 3.9

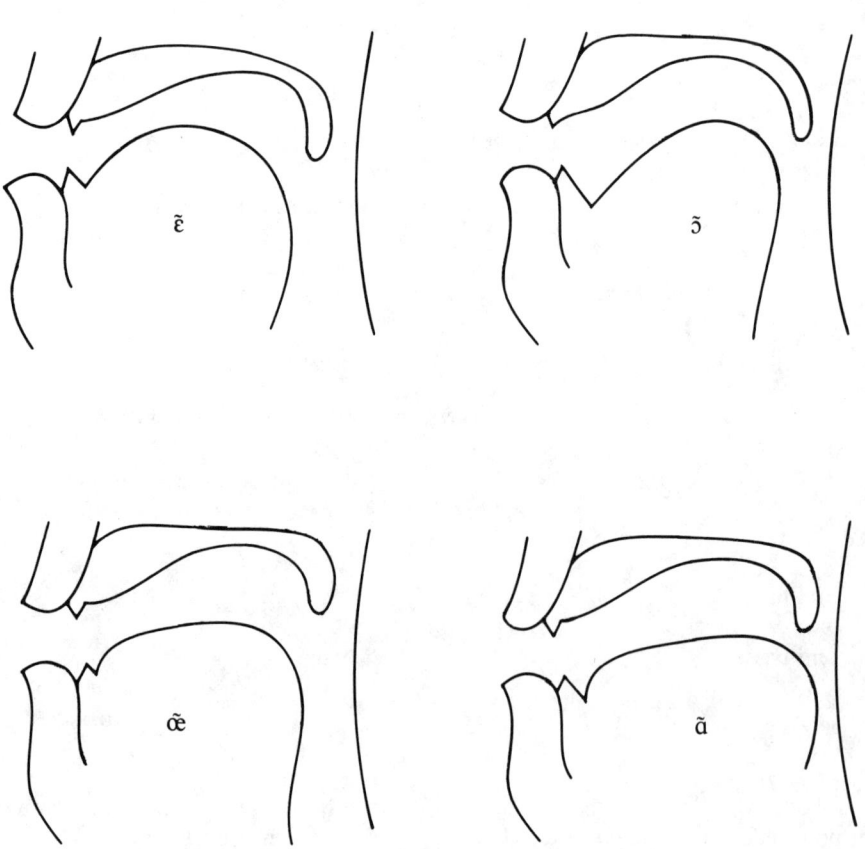

La position de la langue et du voile du palais pour les voyelles nasales /ɛ̃, œ̃, ɔ̃, ɑ̃/.

Les phonéticiens aiment noter que toutes les voyelles nasales du français sont aux niveaux bas et mi-bas. Ainsi ils écrivent ces voyelles en ajoutant le /˜/ de nasalité au-dessus des symboles des voyelles orales /ɛ, œ, ɔ, ɑ/. Bien que la réalité phonétique soit un peu différente, nous gardons ces symboles de l'alphabet international

L'articulation des sons

devenus traditionnels. A vrai dire, la position de la langue pendant la prononciation de /ɛ̃/ est moins haute que celle de /ɛ/, et la position /ɔ̃/ est plus haute que celle de /ɔ/. Donc /ɛ̃/ est réalisé comme la voyelle [æ̃] assez proche de la voyelle du mot anglais *man*, et /ɔ̃/ ressemble à la voyelle [õ] de *moan*.

De ces quatre voyelles nasales le /œ̃/ est utilisé par de moins en moins de locuteurs. La plupart des Français mettent le /ɛ̃/ à sa place. Le /œ̃/ existe dans le langage des gens nés avant la guerre de 1939-45, mais il est assez rare parmi les plus jeunes. Nous devons conclure que le /œ̃/ est en train de disparaître de la langue. Ainsi nous le traitons, comme nous avons déjà traité la voyelle /ɑ/, de voyelle facultative.

Si l'on ajoute les voyelles nasales au système abstrait des voyelles françaises, on transforme le schéma de la Figure 3.8 en celui de la Figure 3.10. De même que pour le /ɑ/, le statut facultatif du /œ̃/ est marqué par les parenthèses.

Figure 3.10

	antérieure		postérieure
	écartée	arrondie	arrondie
haute	i	y	u
mi-haute	e	ø	o õ
mi-basse	ɛ ɛ̃	œ (œ̃)	ɔ
basse	a		ɑ̃ (ɑ)

Les quinze voyelles du français. Les parenthèses indiquent une voyelle qui est absente du langage de beaucoup de locuteurs.

3.3 L'articulation semi-vocalique

Chacune des trois voyelles hautes /i, y, u/ a une variante phonétique plus haute et plus brève que la voyelle normale. Situé devant une autre voyelle le /i/, par exemple, n'est plus le centre de la syllabe et se prononce très souvent comme la semi-voyelle [j]. Dans la même situation /y/ devient [ɥ], et /u/ est remplacé par [w]. Cette variation est évidente dans les deux formes des mêmes verbes: *étudie* /etydi/, *étudiez* /etydje/; *tue* /ty/, *tuez* /tɥe/; *loue* /lu/, *louez* /lwe/. La semi-voyelle est donc la variante non-syllabique de la voyelle haute. En fait, la distribution des semi-voyelles en français est plus compliquée qu'il ne paraît. Nous reviendrons à ce problème au Chapitre 4.

Les sons du français

3.4 L'articulation consonantique

La description de l'articulation des consonnes est à la fois plus précise et plus complexe que la description des voyelles. Une articulation consonantique se localise plus exactement qu'une articulation vocalique, parce que les organes articulatoires qui forment les consonnes sont plus fixes. Du moins, des deux organes articulatoires qui entrent dans la formation d'un obstacle celui de côté supérieur de la bouche est immobile. En nommant cet organe supérieur d'une articulation consonantique nous désignons le **lieu d'articulation** d'une façon relativement précise. (Il ne faut pas pourtant trop insister sur cette précision. La variabilité dans l'articulation des sons est assez grande.) La complexité vient du fait qu'il y a plusieurs espèces d'obstacle possibles; il faut donc spécifier **le mode d'articulation** aussi bien que le lieu. En même temps l'articulation supraglottique de la consonne peut être accompagnée ou non du voisement dans la glotte. Nous devons donc ajouter une indication de la sonorité à notre description de la consonne–si elle est **sonore** (voisée) ou **sourde** (non-voisée).

3.4.1 Les lieux d'articulation

Dans la production d'une consonne c'est normalement la langue (et parfois la lèvre inférieure) qui s'approche du côté supérieur de la bouche pour former un obstacle. Mais dans la description des consonnes c'est surtout la partie du côté supérieur qui compte. Les organes de la parole du côté supérieur servent d'étiquette pour les différents lieux d'articulation des consonnes. Par exemple, /d/ est décrit comme une occlusive dentale sans préciser que ce soit la pointe de la langue qui touche aux dents. Une mention de l'organe du côté inférieur est peu nécessaire parce qu'il s'agit presque toujours de la seule partie de la langue qui puisse s'approcher de l'organe supérieur nommé. Une consonne uvulaire n'est pas articulée avec la pointe de la langue! Dans la Figure 3.11 on voit que chaque articulation est le rapprochement de deux organes de la parole; malgré le fait qu'elle porte le nom du seul organe supérieur.

Dans la description des consonnes françaises nous spécifions les sept lieux d'articulation de la Figure 3.11.

(1) **bilabial**

Le rapprochement des deux lèvres comme on le voit dans les consonnes des mots *maman, papa, bébé,* /m, p, b/.

(2) **labiodental**

La lèvre inférieure s'approche des incisives supérieures. Seule les consonnes /f, v/, au début des mots *fou* et *vous*, sont labiodentales en français.

(3) **dental**

La pointe (ou la lame) de la langue monte vers les incisives supérieures. Essayez de sentir la position de votre langue en prononçant les consonnes initiales des mots *thé, des,* et *nez,* /t, d, n/. (Attention, en anglais ces sons ne sont pas dentaux mais alvéolaires).

Figure 3.11

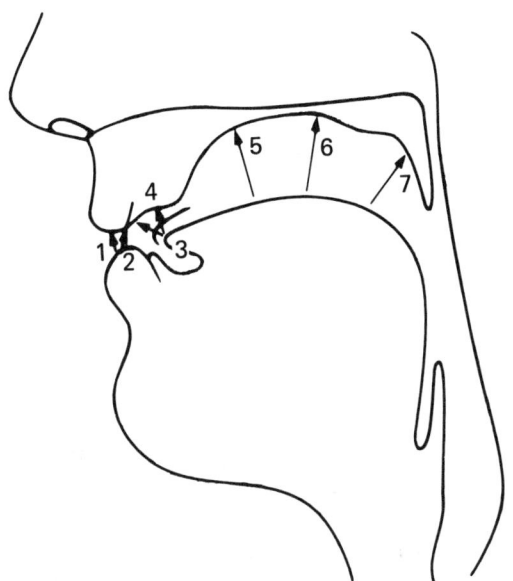

Les lieux d'articulation: 1. *bilabial*, 2. *labio-dental*, 3. *dental*, 4. *alvéolaire*, 5. *palatal*, 6. *vélaire*, 7. *uvulaire*. Chaque flèche indique le mouvement des lèvres ou de la langue vers l'organe du côté supérieur.

(4) alvéolaire
La pointe (ou la lame) de la langue monte vers les alvéoles. Les mots *zèle, selle* ne contiennent que des consonnes alvéolaires, /z, s, l/.

(5) palatal
Le dos de la langue s'approche du palais dur dans les consonnes /ʒ, ʃ, ɲ, j/ qui se trouvent à la fin des mots *plage, riche, campagne, travail.*

(6) vélaire
Le dos de la langue s'approche du palais mou. Vous pouvez sentir ce lieu d'articulation en prononçant les consonnes initiales des mots *car, gar, oiseau,* /k, g, w/.

(7) uvulaire
Le dos ou la racine de la langue est articulé avec la luette dans la production du /r/.

3.4.2 Les modes d'articulation
   Pour presque tous ces lieux d'articulation il y a plusieurs différentes façons de faire s'approcher les organes articulatoires. Ces organes peuvent fermer complètement le passage d'air, il peuvent restreindre beaucoup l'espace entre eux, ou ils peuvent simplement modifier la forme de la cavité buccale en s'approchant l'un de l'autre. Ces trois modes d'articulation éventuels créent des consonnes **occlusive**, **fricative**, et **résonnante**. Ensemble les occlusives et les fricatives constituent une classe majeure de consonnes, dite **obstruante**. Cette classe s'oppose aux résonnantes qui forment la seconde classe consonantique principale. Les obstruantes ont en commun une obstruction suffisamment étroite pour créer un bruit (d'explosion ou de friction).

   Les Occlusives.   Il y a six occlusives en français: /p, t, k, b, d, g/. Ces consonnes sont produites par une occlusion, ou l'arrêt de l'air phonateur pendant un instant. Les organes articulatoires se ferment et restent fermés momentanément. Pendant ce barrage la pression de l'air dans la bouche croît rapidement. Ensuite les organes se séparent brusquement l'un de l'autre et l'air retenu s'échappe de manière à créer un petit bruit d'explosion.

   Les Fricatives.   Le français connaît six consonnes fricatives: /f, s, ʃ, v, z, ʒ/. Dans l'articulation de ces sons les organes articulatoires qui forment l'obstacle ne se ferment que partiellement. Au lieu d'un barrage complet il y a un resserrement du canal buccal. Le passage de l'air par cette petite ouverture fait naître un bruit de frottement. Ainsi la fricative peut se prolonger dans le temps, tandis que l'occlusive ne peut durer qu'un court instant.
   En français toutes les consonnes obstruantes existent en paires sourdes et sonores. Pour chaque obstruante sourde il existe une obstruante jumelle au même lieu d'articulation et avec le même mode d'articulation, mais distincte du fait qu'elle est sonore. Ces paires sont /p, b/, /t, d/, /k, g/, /f, v/, /s, z/, et /ʃ, ʒ/. Chacune de ces paires occupent une même case dans la Figure 3.12.

   Les Résonnantes.   Les deux rangs inférieurs de la Figure 3.12 présentent la seconde classe principale de consonnes, les résonnantes. Caractérisées par une absence de bruit dans leur articulation, la résonnance qui a lieu pendant ces consonnes devient leur trait dominant. Cette classe se subdivise naturellement en deux: les résonnantes orales /j, w, l, r/ et les résonnantes nasales /m, n, ɲ/.
   Les résonnantes nasales partagent avec les occlusives la caractéristique d'avoir une fermeture complète dans le canal buccal. A la différence des occlusives il y a une échappatoire au barrage dans l'articulation nasale. La luette baissée ouvre le passage de l'air aux fosses nasales. Cette ouverture exclue le bruit d'une explosion, ajoute la résonance de la cavité au dessus de la luette, et introduit l'effet amortisseur des fosses nasales. La seule distinction articulatoire entre les trois résonnantes nasales est le lieu du barrage dans le canal buccal. Le /m/ est bilabial, le /n/ est dental, et le /ɲ/ est palatal.
   Les résonnantes orales s'opposent aux obstruantes fricatives. Comme celles-ci, elles ont une constriction à leur lieu d'articulation, mais elle n'est pas suffisamment étroite pour créer de la turbulence au passage de l'air phonateur. La déformation du canal

Figure 3.12

Les consonnes françaises

Modes d'articulation	Lieux d'articulation					
	bilabiale	labio-dentale	dentale	alvéolaire	palatale	vélaire	uvulaire
Obstruantes							
occlusive	p b		t d			k g	
fricative		f v		s z	ʃ ʒ		
Résonnantes							
nasales	m		n		ɲ		
orale				l*	j	w†	r

Parmi les obstruantes la sonorité est distinctive. Nous avons donc deux phonèmes dans chaque case obstruante. La sourde se trouve toujours à gauche. Par contre les résonnantes sont toutes sonores, et il n'y a qu'un seul phonème dans les cases de cette catégorie.

Dans l'alphabet phonétique international la résonnante uvulaire est symbolisée par [ʁ]. Pour faciliter l'écriture dans la transcription nous utilisons le symbole /r/, sauf dans les cas où la précision phonétique est exigée.

*Le /l/ est une consonne latérale.
†Le /w/ est une consonne labialisée.

L'articulation des sons

Les sons du français

buccal change les cavités de résonance et ainsi la qualité du ton, mais il y a très peu de bruit. Les résonnantes orales, le /l/ et le /w/, ont aussi des articulations secondaires importantes.

Le /j/. Ce son, souvent appelé *yod* d'après la lettre de l'alphabet hébreu, est une simple résonnante palatale. Phonétiquement identique à la semi-voyelle [j], et représenté par le même symbole, ce son est aussi la réalisation d'une consonne française. Nous sommes obligés de reconnaître une consonne indépendante de la semi-voyelle parce que nous avons du mal à considérer les [j] de *billet* /bije/ ou de *travail* /travaj/ comme des variantes de la voyelle /i/. Nous reprenons ce sujet nuancé au Chapitre 4.

Le /w/. Une situation pareille existe pour le son [w]. Il est une variante semivocalique de la voyelle /u/, aussi bien qu'une consonne indépendante. Il a une fonction consonantique dans les mots comme *droit* ou *loi*, par exemple. En tant que consonne nous décrivons le /w/ comme une résonnante vélaire. La langue monte vers le voile du palais, mais en même temps les lèvres sont avancées et rapprochées, de sorte à créer un second lieu d'articulation. Le /w/ est donc une résonnante vélaire labialisée.

Le /l/. Cette résonnante est caractérisée par une articulation secondaire distinctive. Au fait qu'il est alvéolaire, il faut ajouter que le /l/ est aussi latéral. Dans cette articulation la partie centrale de la lame de la langue est en contact avec les alvéoles en même temps que l'air passe des deux côtés de la langue. Le /l/ est donc formé par une occlusion partielle qui influence la résonance du son sans barrer tout à fait le passage de l'air phonateur.

Le /r/. Il faut distinguer trois prononciations différentes du /r/ français. Il peut être réalisé comme les sons qui correspondent aux trois symboles phonétiques [r], [R], ou [ʁ]. Le [r] représente l'oscillation rapide de la pointe de la langue contre les alvéoles. Ce [r], dit roulé, est l'ancienne prononciation qui persiste dans certaines régions de langue française, comme la Bourgogne, la Wallonie, et le Québec. Dans le langage dit standard on entend plutôt un son uvulaire, où le dos de la langue monte vers la luette. Une simple résonnante articulée à cet endroit se transcrit comme [ʁ]. Si pourtant la luette se met en vibration, qui est souvent le cas, il s'agit d'un [R]. Ces deux dernières prononciations sont possibles en français standard selon le style et la personne. Entre deux voyelles (*Paris* [paʁi]) le [ʁ] est fréquent. A la fin du mot (*il part* [il paR]) le [R] est plus fréquent. Les Français font peu d'attention à la différence, et sauf en cas de précision phonétique nécessitée, nous utilisons le symbole /r/ comme étiquette des trois prononciations éventuelles.

3.4.3 La sonorité

Le troisième aspect de l'articulation essentiel à la description des consonnes françaises est la sonorité (ou le voisement). Les modes de l'articulation et les lieux de l'articulation que nous venons de voir pour le français sont tous supraglottiques. Ils ont lieu dans le canal vocal au-dessus de la glotte, et du point de vue physiologique sont indépendants du voisement. En fait, toute consonne française doit être ou voisée ou non-voisée. On ne perçoit jamais un son intermédiare entre ces deux alternatives. Nous avons déjà vu que ce choix obligatoire est utilisé en français pour créer des paires d'obstruantes distinctives, où la sonorité est la seule différence phonétique entre ses membres.

Parmi les résonnantes, pourtant, ces paires en opposition n'existent pas. Etant donné l'importance de la résonance dans la perception de ces consonnes-ci, elles sont normalement voisées. Des variantes sourdes existent, mais seulement dans le cas d'une assimilation à une obstruante sourde voisine ou en position finale. Les *r* des mots *propre* et *cadre*, par exemple, sont souvent non-voisés. Tout de même ce dévoisement ne les transforme pas en une autre consonne de la langue; elles restent des *r*. La présence ou l'absence de sonorité est utilisée par la langue pour faire une distinction entre des obstruantes différentes, mais non pour différencier les résonnantes.

Les sons du français

Exercice 3.1

Sans regarder la Figure 3.1, donnez le nom de chaque organe de la parole qui correspond aux numéraux de la figure ci-dessous.

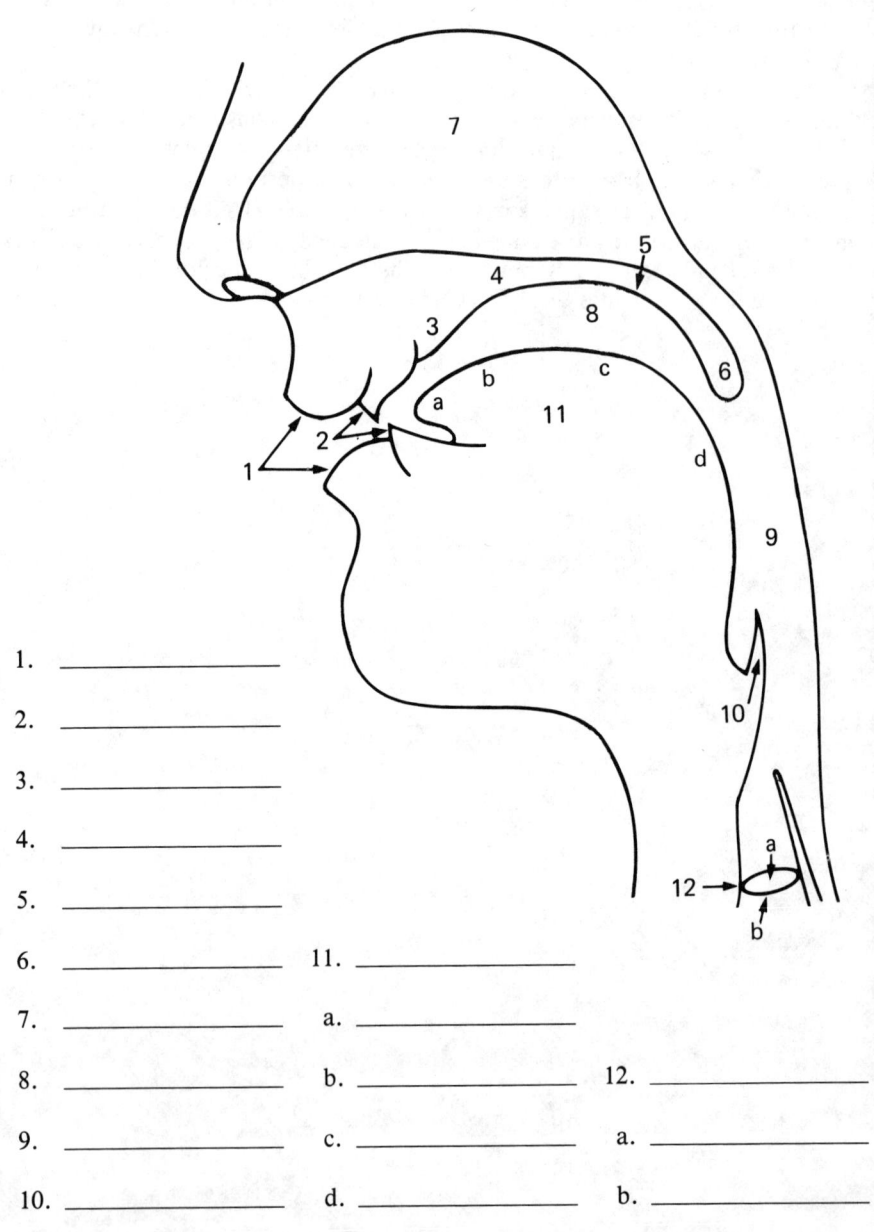

1. _____

2. _____

3. _____

4. _____

5. _____

6. _____ 11. _____

7. _____ a. _____

8. _____ b. _____ 12. _____

9. _____ c. _____ a. _____

10. _____ d. _____ b. _____

Exercice 3.2
Indiquez la voyelle qui correspond à chaque figure.

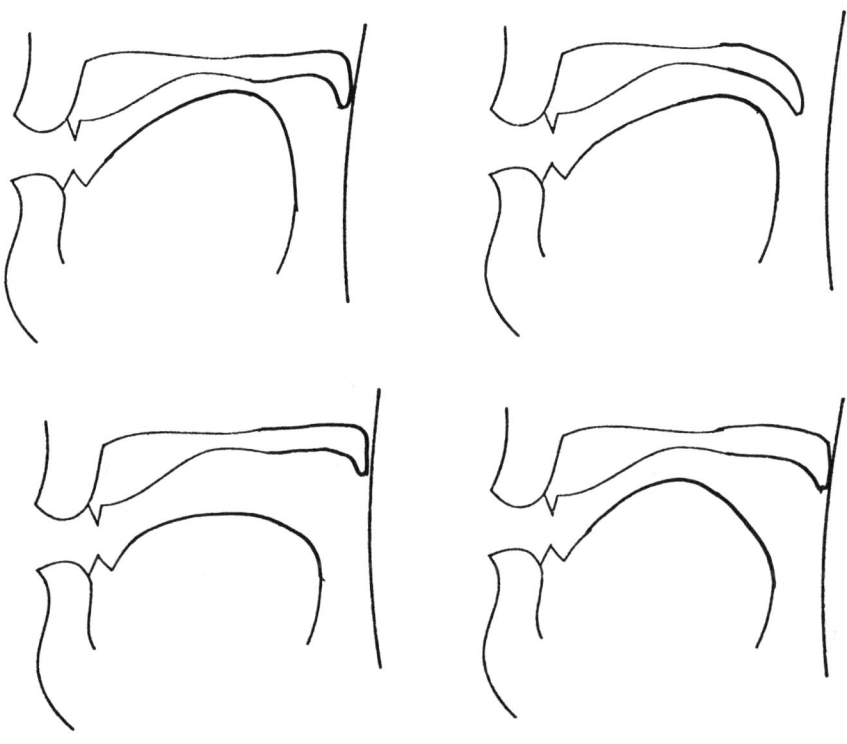

Exercice 3.3
Quelle est la position des lèvres vocales pendant la production d'une voyelle?

Exercice 3.4
Quelle est la différence physiologique entre les voyelles orales et les voyelles nasales?

Les sons du français

Exercice 3.5
Finissez le dessin de chaque voyelle de façon à mettre la langue et le voile du palais en bonne position.

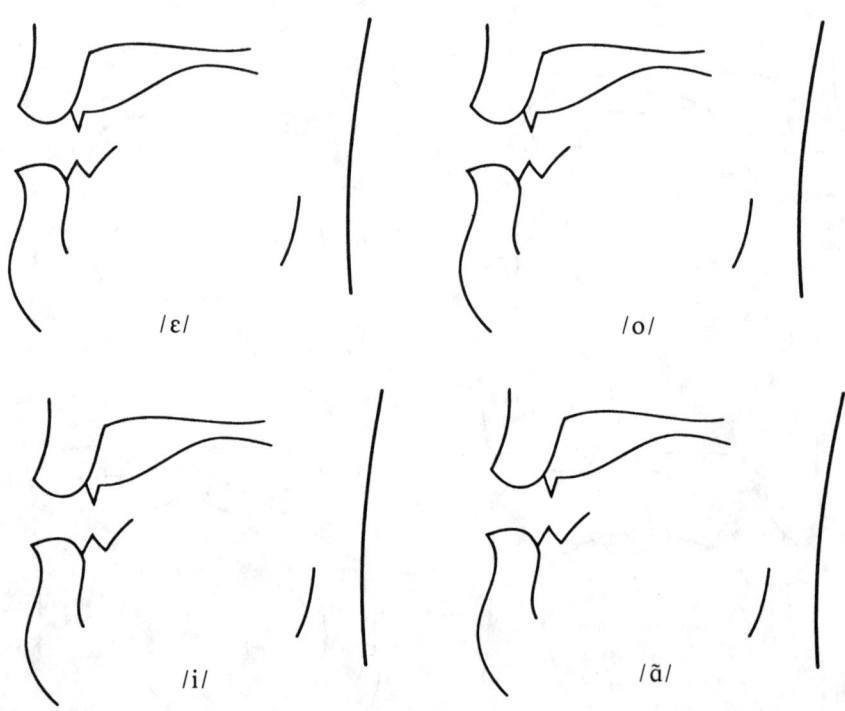

Exercice 3.6
Soulignez la voyelle de chaque paire qui a les lèvres les plus arrondies.

/a/ ou /ɔ/,   /u/ ou /œ/,   /i/ ou /y/,   /o/ ou /y/,   /ø/ ou /ɔ/

Exercice 3.7
Identifiez les voyelles selon leur articulation.

_____ haute antérieure écartée orale

_____ mi-haute postérieure arrondie orale

_____ basse antérieure orale

_____ mi-basse postérieure arrondie nasale

_____ mi-haute antérieure arrondie orale

L'articulation des sons

Exercice 3.8
Donnez la position de la langue et des lèvres pour chaque voyelle.

/u/ _____ _____ _____

/ɛ/ _____ _____ _____

/ɑ/ _____ _____ _____

/y/ _____ _____ _____

/œ/ _____ _____ _____

Exercice 3.9
Sans regarder la figure 3.1, identifiez les lieux d'articulation de la figure ci-dessous.

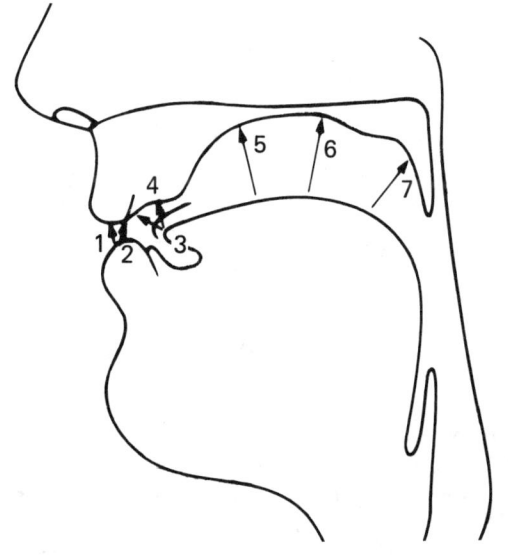

1. _____

2. _____

3. _____

4. _____

5. _____

6. _____

7. _____

Exercice 3.10
   Identifiez la consonne qui correspond à chaque figure. La glotte ouverte symbolise une consonne sourde, et une ligne WWw à travers la glotte indique une consonne sonore. (Les résonnantes orales sont exclues.)

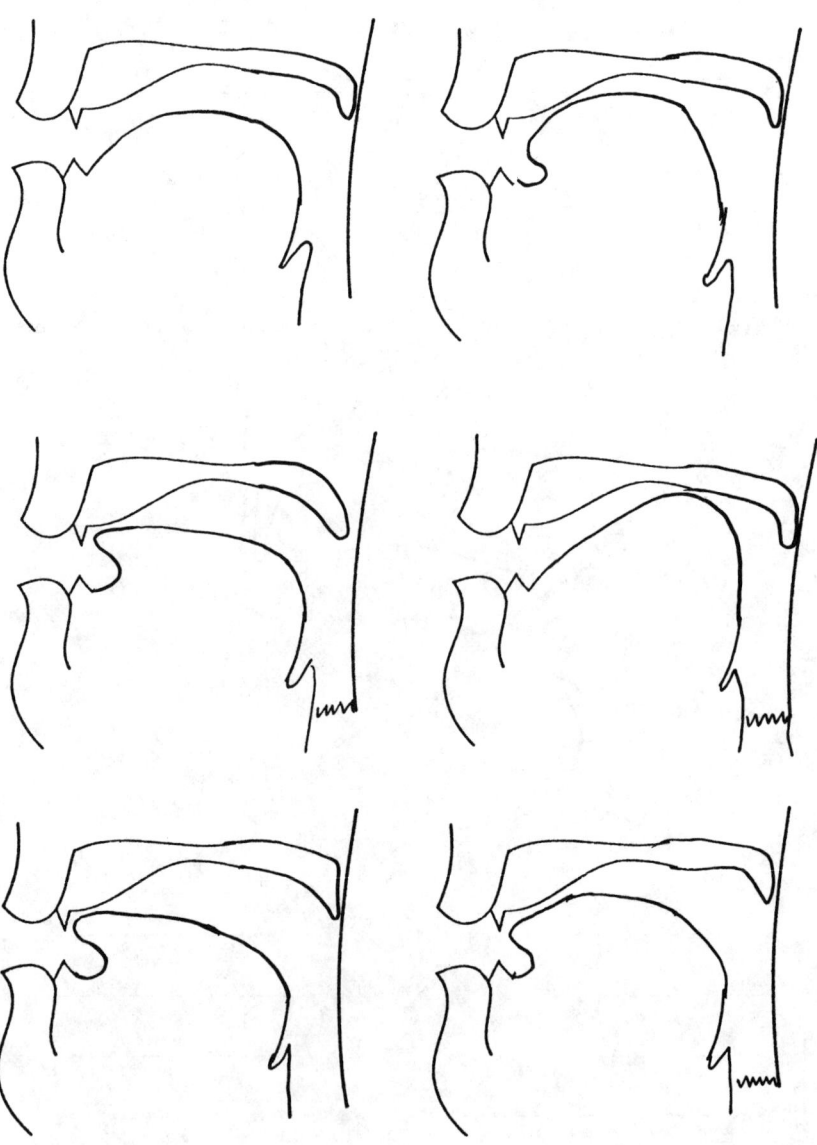

L'articulation des sons

Exercice 3.11
Finissez le dessin de chaque consonne de façon à mettre la langue et le voile du palais en bonne position. Notez aussi le voisement par la ligne ⋁⋀⋀⋀ dans la glotte.

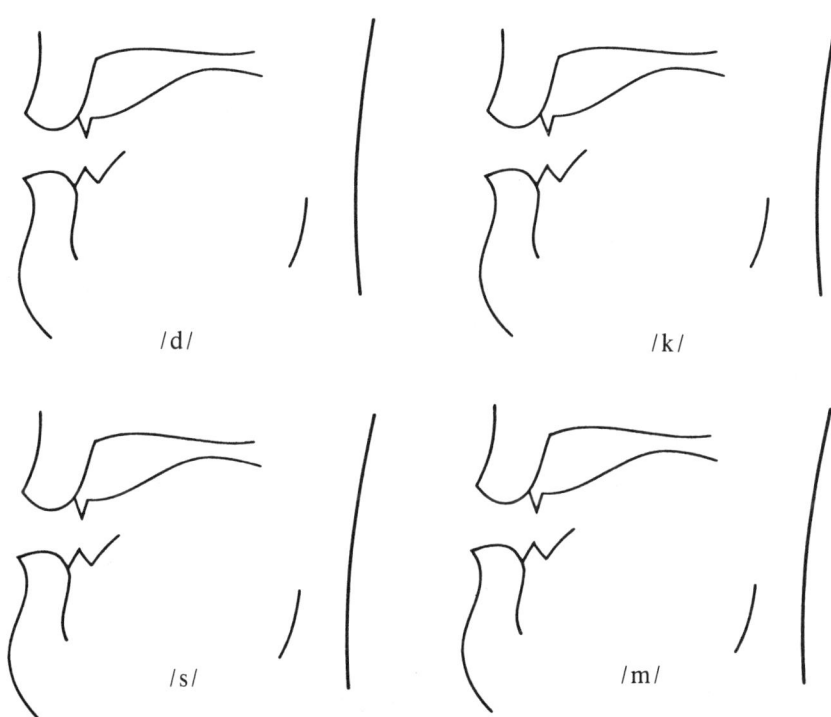

Exercice 3.12
Identifiez les consonnes selon leur articulation.

_____ occlusive bilabiale sonore

_____ résonnante alvéolaire orale

_____ fricative palatale sonore

_____ résonnante uvulaire orale

_____ résonnante palatale nasale

Exercices 3.13-3.16

13. Donnez le mode d'articulation, le lieu d'articulation, et le voisement des obstruantes ou la nasalité des résonnantes.

/s/ _____ _____ _____

/j/ _____ _____ _____

/w/ _____ _____ _____

/n/ _____ _____ _____

/p/ _____ _____ _____

14. Dans quel sens la consonne /n/ est-elle occlusive?

15. Que veut dire le terme **latéral**?

16. Quelles sont les différences phonétiques entre chaque paire de consonnes?

m et p _____

j et ʃ _____

g et w _____

l et r _____

s et v _____

Chapitre 4
Les Phonèmes

Dans le chapitre précédant c'était surtout la production physiologique des sons français qui nous intéressait. Maintenant nous passons à la phonologie, l'étude du système formé par ces sons et l'explication de comment ces sons fonctionnent dans la langue. Au fond, cela veut dire essayer d'expliquer la connaissance des sons de la langue que porte chaque Français, sans en être conscient, dans son cerveau. Cette connaissance phonologique est ce qui permet au Français de pouvoir produire facilement, sans réfléchir, tous les sons de la langue; reconnaître des accents étrangers ou régionaux; reconnaître des mots non-français, ou créer de nouveaux mots qui sont bien français dans leur forme phonétique; ou varier la prononciation des sons selon le contexte phonétique. La première étape dans notre essai d'explication phonologique est d'établir l'inventaire des sons et leurs variantes. Nous verrons ensuite comment ces sons vont ensemble dans l'énoncé.

Vous connaissez déjà le répertoire des sons du français et certaines de leurs variantes. Les faits phonétiques du chapitre précédent représentent déjà un choix parmi toutes les données possibles–un choix qui nous mènerait au système phonologique du français. Ces faits phonétiques établis, notre but est de comprendre la méthode d'analyse que les phonologues emploient pour arriver à un tel répertoire et de trouver les processus par lesquels les sons sont liés dans la parole.

4.1 Le système consonantique

Si nous commençons par l'analyse des consonnes avant d'aborder les voyelles, c'est que du point de vue phonologique ce sont les consonnes qui sont les plus simples. Notre but est de connaître le système des consonnes et en même temps les critères de l'analyse phonologique.

Prenons comme données les trois listes de mots du Tableau 2.1 et la description de l'articulation consonantique aux pages 26-30. En quelques endroits cette discussion a dépassé les limites de la phonétique pour affirmer certains faits phonologiques. Par exemple, dire que la sonorité sert à distinguer entre deux obstruantes, mais pas entre deux résonnantes, est une observation sur le système consonantique. Elle prétend que des unités phonologiques existent et qu'elles se distinguent l'une de l'autre d'une façon systématique au moyen de traits phonétiques. De même, l'affirmation que les trois sons [r, ʁ, et R] ne représentent qu'une seule unité au niveau de la langue est bien phonologique. Elle suppose non seulement que ces unités phonologiques existent, mais aussi que ces unités peuvent avoir plus d'une seule réalisation. Si nous voulons bien analyser le français, nous devons répondre aux questions suivantes. Sur quoi ces constatations sont-elles basées? Comment décide-t-on si un certain trait phonétique est distinctif? Comment savoir si un certain son est la réalisation de telle ou telle unité phonologique?

Les sons du français

4.1.1 Des critères phonologiques
Afin de répondre à ces questions sur les critères de l'analyse phonologique, regardons de plus près l'emploi de [ʁ] et [R] dans la langue. En tant que phonéticien, nous pouvons facilement entendre la différence entre ces deux sons, et nous pouvons décrire cette différence en termes phonétiques assez précis (présence ou absence des vibrations de la luette). Il faut admettre que les deux sons existent dans la parole. La question est de savoir si la différence entre les deux sons est exploitée par le système de la langue. En d'autres termes, est-ce que cette différence phonétique réelle entre les deux sons a une fonction phonologique? Nous pourrions répondre oui à cette question, si nous pouvions démontrer qu'il y a dans la langue française deux mots différents (et de sens et de perception) dont la seule différence phonétique est le [ʁ] et le [R]. Dans le cas d'une paire minimale, où la distinction entre deux mots serait bien localisé dans deux sons précis, nous aurions un bon argument pour l'existence d'unités phonologiques et une bonne preuve que ces deux sons étaient des réalisations de deux unités distinctes.

4.1.2 Le test des paires minimales
Imaginons une petite expérience phonologique. Nous aurions noté dans notre transcription phonétique qu'un locuteur avait prononcé le dernier mot de la phrase *Je suis de Paris* comme [paʁi] et celui de la phrase *J'ai gagné le pari* comme [paRi]. Nous voulons savoir si les Français utilisent régulièrement cette différence entre [ʁ] et [R] pour distinguer entre les mots *Paris* et *pari*. Nous composerons donc un petit test auditif. Nous enregistrons sur bande magnétique en ordre aléatoire cinq prononciations de [paRi] et cinq prononciations de [paʁi]. Ensuite nous demandons à une dizaine de Français d'écouter cette bande et après chaque énoncé, d'écrire le mot qu'ils ont entendu, *Paris* ou *pari*. Nous finissons par faire un peu de statistique pour établir les correspondances entre les mots et les deux *r*.
Puisque vous connaissez déjà bien le français, et puisque pendant votre apprentissage de cette langue vous avez appris quelque chose de sa phonologie, vous ne serez pas du tout surpris par les résultats: aucune correlation entre les *r* et les deux mots. Les Français ne sauraient pas attacher un des *r* à l'un ou l'autre de ces mots. Ils auraient du mal même à percevoir la différence phonétique entre les deux prononciations. Evidemment [paʁi] et [paRi] ne sont pas une paire minimale, et [ʁ] et [R] doivent se voir, en position intervocalique du moins, comme des variantes libres d'une seule unité phonologique *r*. Pour bien vérifier le statut de ces deux sons en toutes positions, nous devrions refaire notre test avec des paires comme *roue* et *roux*, *port* et *porc*. Les résultats seraient pareils.
Ce test aux résultats négatifs nous aura tout de même démontré quelque chose sur la phonologie. Il nous a appris que toutes les différences phonétiques n'entrent pas dans le système phonologique et qu'il existe dans la langue des unités phonologiques. Ces unités plus ou moins abstraites ne sont pas liées directement avec la réalisation d'un seul et même son, mais avec la perception de différents sons parentés. Tous les sons perçus comme identiques seraient des réalisations d'une seule unité phonologique. Ces unités abstraites si importantes à la phonologie qui nous leur donnons un

nom technique. Elles sont des **phonèmes** et leurs réalisations éventuelles sont des **allophones**. Nous transcrivons les phonèmes entre / / et les allophones entre [ ].

Une définition satisfaisante du phonème est un peu chimérique et tous les phonologues ne sont pas d'accord, ni sur son importance dans la description phonologique, ni sur sa réalité psychologique dans la tête du locuteur. Néanmoins, le concept du phonème demeure très utile, de sorte que dans presque toutes les descriptions phonologiques on trouve des phonèmes ou un équivalent très proche.

Notre test auditif ne donne pas toujours des résultats négatifs. Refait avec n'importe quelle paire de consonnes du Tableau 2.1 on aurait des résultats positifs. Aucune surprise; les consonnes de cette liste sont là précisément parce qu'elles sont des phonèmes qui entrent dans des paires minimales.

Ne soyez pas trompé par la simplicité apparente de ce test et par ces résultats. Ces cas sont tellement clairs que l'on n'a pas besoin du test auditif pour prouver l'existence de tels phonèmes en français. Ce test n'est pas inclus ici pour prouver ce qui est déjà évident. C'est pour démontrer, avec des cas très évidents, les critères et les méthodes qui sont derrière la reconnaissance de ce répertoire de phonèmes. Cette méthodologie et la pensée derrière elle deviendront plus importantes quand il s'agira de comprendre le statut phonologique de certaines voyelles. Là, la bonne solution sera moins claire et ne sautera pas aux yeux.

4.1.3 *La sonorité distinctive et non-distinctive*

Revenons à cette autre observation phonologique: la sonorité est distinctive parmi les obstruantes mais non-distinctive parmi les résonnantes. Si nous refaisions le test auditif avec n'importe quelle obstruante et son homologue à voisement opposé (e.g., [p] et [b], [s] et [z]), les résultats seraient nettement positifs. Les sujets feraient un lien sans équivoque entre une des consonnes et un des mots: entre [z] et *desert* et entre [s] et *dessert*, par exemple. Cette perception des obstruantes voisées et non-voisées nous mène à conclure qu'elles sont deux phonèmes indépendants. Et puisque la seule différence phonétique entre les deux est la sonorité, nous devons attribuer la perception différente des deux phonèmes à ce seul trait phonétique. Un tel trait, capable à lui seul de faire une distinction entre deux phonèmes, est un **trait pertinent** ou **trait distinctif**.

En faisant très attention aux détails phonétiques dans la transcription des énoncés français, nous apercevrons quelques résonnantes non-voisées. Malheureusement des symboles distincts pour des [j, w, r, l, m, n, ɲ] non-voisés manquent dans l'alphabet phonétique international. Nous sommes obligés d'avoir recours à une petite marque diacritique [₀] au-dessous du symbole du son voisé. Par exemple, un [l] non-voisé sera transcrit comme [l̥]. (Le seul fait que de tels symboles ne semblaient pas nécessaires aux phonéticiens de l'Association de l'alphabet phonétique international nous avertit que le cas des résonnantes est différent de celui des obstruantes.)

La prochaine étape dans notre effort pour déterminer le statut phonologique des résonnantes non-voisées est de trouver des paires minimales pour un test auditif. Nous finissons par trouver quelques exemples d'une alternance entre formes voisées et

Les sons du français

non-voisées comme [tabl̥] et [tablə]. Pourtant ces paires en [l] et [l̥] ne semblent pas indiquer une différence pertinente; par le sens et par l'orthographe nous savons que les deux prononciations se rapportent au même mot. Sans paires minimales, notre test auditif n'est pas possible, et il est douteux que la sonorité soit un trait pertinent. Nous devons chercher d'autres explications pour la présence des [l̥].

A la recherche des explications éventuelles nous ferions une liste de mots prononcés avec [l̥] et une autre avec des mots en [l]. Nous aurions donc des listes similaires aux suivantes.

[l̥]		[l]	
plus	[pl̥y]	bleu	[blø]
clé	[kl̥e]	glace	[glas]
fleur	[fl̥œr]	allez	[ale]
slip	[sl̥ip]	belle	[bɛl]
table	[tabl̥]	lire	[lir]
oncle	[ɔ̃kl̥]	langue	[lɑ̃g]
peuple	[pœpl̥]	film	[film]
souffle	[sufl̥]	roulé	[rule]
règle	[rɛgl̥]	église	[egliz]

De ces deux listes nous voyons que la distribution du [l] et du [l̥] n'est pas aléatoire, mais structurée; le contexte phonétique semble influencer la prononciation. Avant de lire la description qui suit essayez vous-même de définir le contexte phonétique qui est en corrélation avec chaque son.

Si vous êtes un bon phonologue, vous avez trouvé que [l̥] se prononce après une obstruante sourde. Le /l/ est partiellement assimilé à la consonne non-voisée précédante. En plus, on le trouve après une occlusive sonore à la fin d'un mot. C'est le résultat d'un processus de dévoisement en fin de mot. Fréquent dans les langues du monde, ce phénomène ne touche le français que dans le cas d'une résonnante finale après une autre consonne, (*arbre, table*). Le [l] sonore ne se trouve jamais dans ces positions. Il se trouve pourtant dans toutes les autres positions possibles: après occlusive sonore initiale, seul (en position initiale, entre deux voyelles, ou à la fin du mot), et devant une autre résonnante. Le [l̥] ne se prononce jamais dans les positions où se trouve [l], et vice versa.

Il est évident dans cette **distribution complémentaire** que le [l] et le [l̥] ne s'opposent pas. Il n'y a pas de paires minimales et nous pouvons spécifier en termes phonétiques où chaque *l* sera prononcé. De ces faits nous concluons que [l] et [l̥] sont des allophones d'une seule et même unité phonologique, le phonème /l/.

Il faut ajouter que la fonction de ces deux variantes est un peu différente de celle de [ʁ] et [ʀ]. Les deux *r* sont des **variantes libres** où l'occurrence de l'un ou l'autre allophone ne dépend pas du contexte phonétique, mais d'autres facteurs extra-linguistiques. Les deux *l* sont, au contraire, des **variantes combinatoires** dont l'occurence de l'un ou l'autre allophone est déterminée par les phonèmes avec lesquels le *l* est mis en combinaison. Le locuteur a un certain choix entre deux variantes libres; il n'a pas ce choix entre deux variantes combinatoires.

Un lecteur attentif aura noté que les mots comme *table* et *règle* montrent, en effet, une alternance entre [l] et [l̥]. La variante n'est pas tout à fait déterminée par le mot. Notre généralisation sur l'allophone dévoisé en fin de mot reste vraie, mais il y a une petite nuance. Le locuteur a gardé un choix stylistique. S'il prononce *table* soigneusement il peut prononcer la voyelle [ə] à la fin du mot. Dans ce cas le /l/ n'est plus final et pas dévoisé. L'alternance est donc entre [tabl̥] et [tablə], et notre règle du dévoisement de /l/ en position finale ne s'appliquera pas quand la voyelle sera finale.

4.1.4 Les traits pertinents

Nous avons bien pu isoler la sonorité comme un trait qui a la fonction de distinguer entre deux phonèmes, du moins parmi les obstruantes. Il est donc raisonnable de penser qu'il y ait d'autres traits phonétiques aussi qui soient pertinents. Tous les modes et les lieux d'articulation déjà décrits pourront éventuellement être la seule différence phonétique entre deux phonèmes en opposition. Ce concept de l'opposition est très important à la théorie phonologique. Le phonème est une unité de la langue qui s'oppose aux autres unités. Sans opposition entre phonèmes il n'y a pas de différence perceptible entre les mots. Ce sont les différences entre les phonèmes qui leur permettent de fonctionner comme des unités discrètes, formant les mots de la langue. Il s'ensuit donc que nous définissons les phonèmes en termes de ces traits phonétiques qui servent à distinguer entre plusieurs phonèmes, c'est à dire les traits qui ont une fonction d'opposition.

Etant donné cette conception du phonème, il est très utile de définir chaque phonème de la langue par une liste des traits pertinents appropriés. Par exemple, nous disons, en suivant la Figure 3.12, que le phonème /z/ est composé du faisceau des traits: fricatif, alvéolaire, et voisé. De même les traits pertinents de /m/ sont: résonnant, nasal, et bilabial.

Beaucoup de ces traits sont binaires. C'est à dire qu'il y a un choix obligatoire entre deux alternatives. Si ce n'est pas l'une, c'est forcément l'autre. Toute consonne est ou obstruante ou résonnante; toute obstruante est ou occlusive ou fricative et ou voisée ou non-voisée; les résonnantes sont ou nasales ou orales. Il n'existe pas de possibilités intermédiares. De cet état des choses certains phonologues ont conclu que tous les traits pertinents devaient être binaires. Ils ont même choisi des traits qui permettent l'imposition de la binarité sur les lieux d'articulation, où elle est beaucoup moins naturelle. (Les lieux d'articulation sont, des points de vue physiologique et logique, des divisions le long d'un continu.)

L'hypothèse de la binarité de tous les traits pertinents peut être mise en doute, mais la tradition de les présenter en forme binaire est très répandue et doit être connue. Les traits pertinents employés ici et les valeurs de + ou - appropriées à chaque consonne de la langue sont présentés dans le Tableau 4.1. Ici résonnante devient [-obstruant], occlusive est rebaptisée [+explosif], fricative se transforme en [-explosif], et orale devient [-nasal]. Puisque la dentale ne s'oppose jamais à l'alvéolaire en français, ces deux traits ont l'étiquette commune [+apical]. Pour la même raison bilabiale et labiodentale se combinent sous le nom [+labial].

Tableau 4.1

Les traits pertinents des consonnes françaises

	p	t	k	b	d	g	f	s	ʃ	v	z	ʒ	m	n	ɲ	l	j	w	r
obstruant	+	+	+	+	+	+	+	+	+	+	+	+	-	-	-	-	-	-	-
explosif	+	+	+	+	+	+	-	-	-	-	-	-	-	-	-	-	-	-	-
nasal	-	-	-	-	-	-	-	-	-	-	-	-	+	+	+	-	-	-	-
labial	+	-	-	+	-	-	+	-	-	+	-	-	+	-	-	-	-	-	-
apical	-	+	-	-	+	-	-	+	-	-	+	-	-	+	-	+	-	-	-
palatal	-	-	-	-	-	-	-	-	+	-	-	+	-	-	+	-	+	-	-
vélaire	-	-	+	-	-	+	-	-	-	-	-	-	-	-	-	-	-	+	-
uvulaire	-	-	-	-	-	-	-	-	-	-	-	-	-	-	-	-	-	-	+
voisé	-	-	-	+	+	+	-	-	-	+	+	+	+	+	+	+	+	+	+

4.2 Le système vocalique

Le langage des Français permet beaucoup de variation dans la prononciation des voyelles, ce qui pose des problèmes intéressants pour les phonologues. Le statut phonologique des voyelles est beauoup moins clair que celui des consonnes. Le système vocalique peut varier d'une personne à l'autre: tous les Français n'ont pas les voyelles /ɑ/ et /œ̃/, par exemple. Ou il peut varier d'une région à l'autre: les Parisiens, les Marseillais, et les Québécois ont des systèmes vocaliques différents. Ce sont des différences de dialecte ou d'idiolecte (le parler d'une seule personne). Mais en plus, à l'intérieur même du français standard, le système vocalique maximum de la Figure 3.10 n'est pas valable pour tous les environnements phonétiques. Les voyelles mi-hautes et mi-basses, dites voyelles moyennes, ne sont pas toujours en opposition. L'occurrence de telles voyelles moyennes est influencée par la syllabation et par l'accentuation. Nous étudierons donc la distribution des voyelles mi-hautes et mi-basses afin de vérifier si elle est complémentaire ou non, et de voir s'il y a une véritable opposition entre les paires des voyelles moyennes. Avant d'aborder cette étude, pourtant, nous établirons les traits pertinents du système vocalique maximum.

4.2.1 Les traits pertinents des voyelles

Nous acceptons pour le moment que toutes les voyelles de la Figure 3.10 sont des phonèmes indépendants. Si nous établissons des traits pertinents qui servent à décrire ce système de phonèmes maximum, nous aurons tous les traits nécessaires pour des systèmes réduits. Nous pourrons même décrire des réductions de système en fonction des traits pertinents établis pour le système maximum.

De tous les paramètres de l'articulation vocalique nous pouvons en traduire trois directement en traits binaires. L'opposition d'antérieure contre postérieure devient [+ ou - antérieur]. La distinction entre voyelles écartées et arrondies est représentée par le trait [+ ou - arrondie]. Et [+ ou - nasal] sert à différencier entre voyelles orales et nasales. Par contre, les quatre niveaux de l'axe vertical ne sont pas binaires de nature, et nous devons tricher un peu afin d'être fidèle au principe de la binarité. Tout de même nous pouvons représenter ces quatre niveaux en traits binaires sans fausser la description. Parmi plusieurs solutions possibles celle qui me semble la plus raisonnable est de postuler les trois traits distinctifs: [haut], [moyen], et [bas]. Les traits des voyelles hautes, moyennes, et basses sont évidemment marquées [+haut], [+moyen], et [+bas] respectivement. De plus, les voyelles hautes doivent être [-bas] et les voyelles basses sont forcément [-haut]. Parmi les voyelles moyennes nous profitons des traits haut et bas pour discerner entre les mi-hautes et les mi-basses. Les voyelles mi-hautes sont [+haut] et [-bas]; les voyelles mi-basses sont [-haut] et [+bas]. Regardez bien le Tableau 4.2.

4.2.2 Les voyelles moyennes accentuées

Les voyelles mi-hautes et mi-basses se produisent dans une alternance qui dépend surtout de la syllabation. Puisque la situation est un peu différente selon que la voyelle est accentuée ou non, nous considérons d'abord les voyelles moyennes en position accentuée. Dans cette position le timbre de la voyelle moyenne est en corrélation plus ou moins étroite avec la forme de la syllabe. Dans une syllabe à fin vocalique (CV), appelée **syllabe ouverte** ou **syllabe libre**, on trouvera le plus souvent les voyelles mi-hautes /e, ø, o/. Au contraire, dans les syllabes à fin consonantique (CVC), dites **syllabes fermées** ou **syllabes entravées**, ce sont les voyelles mi-basses /ɛ, œ, ɔ/ qui s'y trouvent. Cette corrélation entre la forme syllabique et le timbre vocalique est illustrée dans le Tableau 4.3.

Tableau 4.2

Les traits pertinents des voyelles françaises

	i	e	ɛ	a	y	ø	œ	u	o	ɔ	ɑ	ẽ	œ̃	õ	ã
antérieur	+	+	+	+	+	+	+	−	−	−	−	+	+	−	−
arrondi	−	−	−	−	+	+	+	+	+	+	−	−	+	+	−
haut	+	+	−	−	+	+	−	+	+	−	−	−	−	−	−
moyen	−	+	+	−	−	+	+	−	+	+	−	+	+	+	−
bas	−	−	+	+	−	−	+	−	−	+	+	+	+	+	+
nasal	−	−	−	−	−	−	−	−	−	−	−	+	+	+	+

Tableau 4.3

Alternance des voyelles moyennes en position accentuée

	Syllabe ouverte				Syllabe fermée	
	mi-hautes		mi-basses		mi-hautes		mi-basses
[e]	thé	[te]		[ɛ]	tel	[tɛl]
	j'ai	[ʒe]	—	—	j'aime	[ʒɛm]
	léger	[leʒe]			légère	[leʒɛr]
[o]	sot	[so]		[ɔ]	sotte	[sɔt]
	beau	[bo]	—	—	bol	[bɔl]
	mot	[mo]			mort	[mɔr]
[ø]	peu	[pø]		[œ]	peur	[pœr]
	ceux	[sø]	—	—	seul	[sœl]
	veut	[vø]			veuve	[vœv]

Si la distribution des voyelles de ce Tableau 4.3 était de rigueur pour tous les Français dans tous les mots, si l'on trouvait jamais de voyelle mi-haute en syllabe fermée et jamais de voyelle mi-basse en syllabe ouverte, nous aurions un cas classique de distribution complémentaire. Dans ce cas-là nous devrions conclure qu'il n'y a pas de distinction entre voyelle mi-basse et voyelle mi-haute. Chaque paire serait deux allophones d'un seul phonème. C'est exactement ce que nous trouvons dans le français méridional, où cette distribution complémentaire est bien suivie. Pour ce dialecte tous les phonologues sont d'accord à constater trois voyelles moyennes, à deux allophones chacune. En comparaison avec le français standard nous dirions que les oppositions entre [e] et [ɛ], [o] et [ɔ], [ø] et [œ] sont neutralisées (voir infra). Suivant la convention phonétique pour les cas de neutralisation, nous symbolisons ces trois phonèmes vocaliques par des majuscules /Ɛ/, /O/, et /Œ/.

Néanmoins, dans le dialecte parisien, qui est à la base du français standard, cette alternance n'est pas toujours suivie. Pas mal de locuteurs prononcent leurs voyelles de façon à contredire la tendance générale. C'est surtout le cas des locuteurs qui suivent la norme orthoépique (la forme acceptée comme correcte, et qui se trouve dans les dictionnaires). Cette norme contient un grand nombre de mots qui vont à l'encontre de l'alternance. Si nous ajoutons ces prononciations au Tableau 4.3, le résultat est le Tableau 4.4.

Tableau 4.4

Alternance des voyelles moyennes en position accentuée selon la norme orthoépique

	Syllabe ouverte				Syllabe fermée			
	mi-hautes			mi-basses		mi-hautes		mi-basses
[e]	thé	[te]	[ɛ]	lait [lɛ]			[ɛ]	tel [tɛl]
	j'ai	[ʒe]		forêt [fɔrɛ]		———		j'aime [ʒɛm]
	léger	[leʒe]		progrès [prɔgrɛ]				légère [leʒɛr]
[o]	sot	[so]			[o]	haute [ot]	[ɔ]	sotte [sɔt]
	beau	[bo]		———		rôle [rol]		bol [bɔl]
	mot	[mo]				rose [roz]		mort [mɔr]
[ø]	peu	[pø]			[ø]	creuse [krøz]	[œ]	peur [pœr]
	ceux	[sø]		———		meute [møt]		seul [sœl]
	veut	[vø]				neutre [nøtr]		veuve [vœv]

Dans ce tableau nous voyons que la distribution des voyelles dans la norme orthoépique n'est pas uniforme non plus. Il existe toujours des cases vides dans le tableau. Même le style orthoépique ne tolère pas le [e] en syllabe fermée, ni les [ɔ] et [œ] en syllabe ouverte. Pour ce style de la langue il apparaît que les voyelles mi-hautes et mi-basses sont en opposition phonologique dans certains contextes phonétiques, mais pas tous. Le [e] s'oppose à [ɛ] seulement en syllabe libre, tandis que les oppositions [o] contre [ɔ] et [ø] contre [œ] sont valables seulement en syllabe entravée. Ce phénomène d'une opposition phonologique qui ne s'étend pas à tous les environnements est nommé **neutralisation**. Nous disons que l'opposition entre [e] et [ɛ] est neutralisée en syllabe fermée et que celle entre les voyelles moyennes arrondies est neutralisée en syllabe ouverte.

Les différentes oppositions parmi ces voyelles moyennes en alternance se résument dans les trois systèmes vocaliques du Tableau 4.5. Le système du français méridional représente ici le modèle de l'alternance régulière de toutes les voyelles moyennes.

Tableau 4.5

Trois systèmes de voyelles orales accentuées

i y	u	i y	u	i y	u
ɛ œ ɔ		e ø	o	- ø	o
a		ɛ - -		ɛ œ ɔ	
		a		a	

| le français méridional | le parisien en syllabe ouverte | le parisien en syllabe fermée |

Etant donné ces trois systèmes, il serait facile de supposer que la langue est en mouvement vers le système du français méridional. On pourrait même dire que la norme orthoépique ralentit ce mouvement qui serait beaucoup plus avancé sans cette influence retardatrice. C'est une hypothèse tentante, mais très difficile à prouver. Et par contre, il faut reconnaître que parmi les voyelles arrondies les exceptions à l'alternance sont assez stables. Les voyelles des mots comme *autre, nôtre, rose, chanteuse, neutre* restent hautes pour la plupart des locuteurs, sans montrer la moindre tendance à baisser. Et bien que la distinction entre [e] et [ɛ] soit neutralisée pour la majorité des gens, c'est souvent le [ɛ] qui est préferé exactement où l'alternance donnerait le [e] (Léon, 1972).

4.2.3 Les voyelles moyennes non-accentuées

Les oppositions phonologiques que nous venons de voir pour les voyelles moyennes ne sont vraies que pour les syllabes accentuées. En position non-accentuée, c'est à dire en syllabe non-finale, tout change. Ici les voyelles mi-hautes et mi-basses ne s'opposent plus. Leurs variations dépendent toujours de la syllabation, mais elles ne sont jamais en opposition, ni en syllabe fermée, ni en syllabe ouverte.

En syllabe fermée non-finale on trouve toujours la voyelle mi-basse; la mi-haute ne s'y trouve jamais. Par exemple, dans les mots *hectare* /ɛk tar/, *former* /fɔr me/, *seulement* /sœl mã/, la voyelle de la première syllabe est obligatoirement mi-basse. Il n'y a ni alternance ni opposition. Cela donne le schéma vocalique que l'on voit du côté gauche du Tableau 4.6.

La syllabe ouverte non-finale est la plus fréquente de toutes les syllabes possibles en français. C'est à cause de la préférence pour la syllabation ouverte, et parce qu'il n'y a qu'une syllabe accentuée par groupe de mots. Dans les syllabes ouvertes l'opposition entre mi-basse et mi-haute est toujours absente. Néanmoins, le timbre de la voyelle moyenne n'est pas prévisible, comme il l'était pour les syllabes fermées non-finales. Ici le timbre est plutôt flottant; il peut varier de [e] à [ɛ] ou s'arrêter quelque part entre des deux. Ce flottement laisse ouverte la possibilité de voyelles à qualité intermédiare dans les syllabes libres non-accentuées. Ce système est représenté par le schéma à droite dans le Tableau 4.6.

Tableau 4.6

Deux systèmes de voyelles orales non-accentuées

i y u	i y u
ɛ œ ɔ	Ɛ Œ O
a	a
En syllabe fermée	En syllabe ouverte

Ce schéma des voyelles non-finales en syllabe ouverte est le même que nous avons utilisé pour les voyelles accentuées du français méridional, mais les deux systèmes ne sont pas identiques. Les deux schémas emploient les symboles majuscules Ɛ, Œ et O afin d'indiquer la neutralisation des traits mi-bas et mi-haut parmi les voyelles moyennes. En français méridional pourtant la variation entre les deux niveaux de voyelles est une alternance allophonique où le timbre vocalique est bien prévisible. Dans le cas des syllabes ouvertes non-finales du français standard la variation est plus libre. Elle est sujette à des influences diverses, mais loin d'être déterminée par ce contexte phonétique.

Bien que les phonéticiens ne soient pas d'accord sur ce point, ils ont réussi à dégager quatre facteurs qui semblent influencer le timbre de ces voyelles très variables. D'abord les voyelles non-finales des mots dérivés tendent à garder le timbre de la même voyelle dans le mot d'origine. Donc *grossesse* maintient le [o] de *grosse*, et *zonal* est influencé de la même façon par *zone*. Deuxièmement le timbre de la voyelle /e/ est parfois influencé par celui de la voyelle accentuée qui suit. C'est cette *harmonie vocalique* qui tend à élever les voyelles non-finales de *cédez* et *laissez* ou à baisser celles de *cédant* et *laissant*. La consonne qui suit la voyelle peut aussi influencer son timbre: un /r/ suivant a tendance à baisser la voyelle, et un /z/ suivant entraîne un timbre plus haut. La première syllabe des mots *heureux* et *horaire* auraient donc les voyelles [œ] et [ɔ], et la même syllabe des mots *rosé* et *aisé* auraient [o] et [e]. Finalement les orthographes *au* et *ô* peuvent conserver le [o], dans les mots comme *sauter* ou *côté*.

Les variations et les distributions que nous venons de voir parmi les voyelles moyennes nous obligent à admettre une situation phonologique assez complexe. La bonne description qui expliquerait bien cette situation reste à trouver. Les théories différent d'un phonologue à l'autre. Nous nous limitons ici à constater quelles voyelles moyennes apparaissent dans quels contextes phonétiques.

4.3 Les semi-voyelles

Nous avons déjà vu dans la partie phonétique que chacune des trois voyelles hautes /i, y, u/ a une variante semi-vocalique quand elle se trouve devant une autre voyelle: dans les deux formes des verbes *lient* /li/ et *liez* /lje/, *suent* /sy/ et *suez* /sɥe/, *nouent* /nu/ et *nouez* /nwe/, par exemple. En même temps les phonèmes /j/ et /w/ font partie du répertoire des consonnes. Ne faut-il pas décider si ces deux sons sont des consonnes ou des variantes des voyelles? Autrement la langue aurait deux phonèmes distincts avec la même réalisation phonétique. Justement, les faits de la distribution de ces sons nous obligent à considérer cette possibilité. Une telle interprétation demanderait un phonème un peu plus abstrait que nous ne l'avons supposé jusqu'à maintenant, mais il n'y a rien dans le fonctionnement de la langue, ni dans les capacités cognitives des locuteurs qui l'empêche.

Phonétiquement les semi-voyelles sont très similaires à leurs contreparties vocaliques. Elles ne diffèrent que du fait qu'elles sont plus courtes et que la position de la langue est un peu plus haute. (Pour être précis, pourtant, il faut noter que le yod se réalise souvent comme la séquence [ij] au lieu d'un simple [j]. Quand il se trouve devant une voyelle, on prononce [lijɔ̃] ou [ljɔ̃], par exemple.) Ces caractéristiques phonétiques des semi-voyelles ne sont que la conséquence directe de leur position non-syllabique. Par non-syllabique nous voulons préciser un son se trouvant aux marges de la syllabe, avant ou après la voyelle centrale qui constitue son noyau. En français les voyelles sont normalement syllabiques et les consonnes non-syllabiques. Une semi-voyelle est donc une voyelle haute déplacée de sa position habituelle au centre de la syllabe. Ainsi les semi-voyelles ont les mêmes traits pertinents que les voyelles hautes. Pour distinguer phonétiquement entre les deux, il faut ajouter un nouveau trait, [+ ou − syllabique]. Ce trait n'est pas vraiment pertinent dans le sens qu'il sert à indiquer une opposition distinctive. Tout de même c'est un trait phonologique qui sera très important à nos règles, quand nous aurons besoin de lier explicitement les phonèmes abstraits avec les faits phonétiques concrets.

Voici les traits pertinents des trois semi-voyelles:

	[j]		[ɥ]		[w]
−	syllabique	−	syllabique	−	syllabique
+	antérieur	+	antérieur	−	antérieur
−	arrondi	+	arrondi	+	arrondi
+	haut	+	haut	+	haut
−	moyen	−	moyen	−	moyen
−	bas	−	bas	−	bas
−	nasal	−	nasal	−	nasal

4.3.1 La distribution des semi-voyelles

Regardons de plus près les contextes phonétiques dans lesquels les voyelles et les semi-voyelles apparaissent. C'est l'examination de cette distribution des sons qui nous mènera à une interprétation de leur statut phonologique. Pour l'instant seule l'alternance entre voyelle et semi-voyelle en position devant une seconde voyelle nous intéressent. Nous pouvons mettre de côté pour un temps l'occurrence de [j] à fin d'une syllabe--dans les mots *travail, taille*, par exemple. Ce [j] est la seule des semi-voyelles qui puisse se retrouver en position postvocalique, et doit être considérée à part.

Pour expliquer le rôle fonctionnel des semi-voyelles en position prévocalique un facteur principal est l'alternance éventuelle entre voyelles et semi-voyelles. Nous tenons compte des cas où la semi-voyelle est obligatoire, où l'alternance entre les deux est possible, et des cas où seulement la voyelle est permise. Un second facteur influentiel est le nombre de consonnes qui précèdent la voyelle ou la semi-voyelle. La collocation de ces deux facteurs nous donne la distribution du Tableau 4.7.

4.3.2 La semi-vocalisation de /u/

Les alternances du Tableau 4.7 sont assez complexes. Afin de les bien comprendre nous commencerons par isoler le cas du [w]. L'interprétation de cette semi-voyelle nous aidera à expliquer les autres.

Dans la catégorie de *semi-voyelle obligatoire* le [w] se trouve dans tous les environnements. Dans les exemples, *oui, joie,* et *trois* le [w] est obligatoire et la voyelle [u] est interdite. Aucune alternance entre semi-voyelle et voyelle n'y est possible. Le son est non-syllabique même quand il est précédé de deux consonnes. Dans ces mots-ci du moins, le [w] paraît être un phonème indépendant de la voyelle /u/.

Néanmoins, dans la deuxième partie du Tableau 4.7, *semi-voyelle ou voyelle*, il y a d'autres mots où l'alternance entre [w] et [u] est possible. Les mots *où est* et *joua* peuvent se réaliser soit avec une voyelle, [ue] et [ʒua] soit avec une semi-voyelle, [we] et [ʒwa]. L'alternance entre les deux formes est libre.

Cette différence de comportement entre le [w] de *joua* et celui de *joie* nous suggère

Tableau 4.7

Les alternances entre les voyelles hautes et les semi-voyelles

	Semi-voyelle obligatoire					
Semi-voyelle initiale	huile	[ɥil]	oui	[wi]	iode	[jɔd]
Précédée d'une consonne	tuile	[tɥil]	joie	[ʒwa]	lion	[ljɔ̃]
Précédée de deux consonnes	truite	[trɥit]	trois	[trwa]		

	Semi-voyelle ou voyelle					
Semi-voyelle initiale	huer	[ɥe] [ye]	où est	[we] [ue]	hier	[jɛr] [iɛr]
Précédée d'une consonne	tuer	[tɥe] [tye]	joua	[ʒwa] [ʒua]	lions	[ljɔ̃] [liɔ̃]
Précédée de deux consonnes						

	Voyelle obligatoire					
Semi-voyelle initiale						
Précédée d'une consonne						
Précédée de deux consonnes	truelle	[tryɛl]	troua	[trua]	trier	[trie]

que les phonèmes soujacents des deux mots soient distincts. Des règles phonologiques differentes s'y appliquent. Nous proposons donc deux phonèmes distincts: /w/ et /u/. Le /w/ est toujours réalisé comme une semi-voyelle et doit être postulé dans la forme sous-jacente de tous les mots comme *oui, joie,* et *trois* où une alternance est impossible. Le /u/ est la voyelle déjà reconnu comme phonème. Nous ne faisons qu'ajouter une variante semi-vocalique qui est facultative lorsque /u/ est suivi d'une autre voyelle.

La troisième partie du Tableau 4.7, *voyelle obligatoire,* nous avertit que la réalisation de /u/ en forme semi-vocalique est restreinte. Dans le mot *troua* la voyelle /u/ est précédée de deux consonnes. Ici seule la variante vocalique est permise, bien que ce /u/ soit suivi d'une voyelle. En tenant compte de cette restriction nous pouvons maintenant formuler une règle plus précise pour la semi-vocalisation de /u/: La voyelle /u/ se réalise facultativement comme la semi-voyelle [w] si elle est précédée d'une frontière de mot ou d'une seule consonne et suivie d'une voyelle. Nous réécrivons cette règle en utilisant les symboles formels de la phonologie.

La semi-vocalisation de /u/.

$$\begin{bmatrix} V \\ + \text{ haut} \\ - \text{ moyen} \\ + \text{ arrière} \\ + \text{ arrondie} \end{bmatrix} \longrightarrow [-\text{syllabique}] \quad / \quad \begin{Bmatrix} \# \\ C \end{Bmatrix} \underline{\quad\quad} V$$

4.3.3 La semi-vocalisation de /i/

La distribution de [i] et de [j] dans le Tableau 4.7 est identique à celle de [u] et [w] avec une seule exception: le [j] n'existe jamais après deux consonnes. Dans les mots comme *ouvrier, grief* et *bouclier* on ne trouve que le [i]. Il n'y a pas de mots comme *[trja] en parallèle avec des mots tels que *trois* [trwa] où la semi-voyelle soit obligatoire. Après deux consonnes la voyelle [i] est obligatoire. Si nous voyons cette exception comme un simple vide dans la distribution du [j], la solution adoptée pour /u/ et /w/ s'applique bien ici aussi. Nous proposons donc deux phonèmes /j/ et /i/, dont la voyelle /i/ est gouvernée par la même règle de semi-vocalisation que /u/. Cette solution nous permet d'expliquer la paire minimale *lion* et *lions,* et en même temps elle utilise la règle de semi-vocalisation de /u/ déjà formulée. Nous n'avons qu'à rendre cette règle plus générale.

Nous réécrivons donc cette règle en éliminant les traits pertinents [+ arrondie] et [+ arrière], ceux qui distinguent /u/ de /i/.

La semi-vocalisation.

$$\begin{bmatrix} V \\ + \text{ haut} \\ - \text{ moyen} \end{bmatrix} \longrightarrow [-\text{ syllabique}] \quad / \quad \begin{Bmatrix} \# \\ C \end{Bmatrix} \underline{\quad\quad} V$$

Les sons du français

Dans cette forme la règle s'applique à toutes les voyelles hautes les transformant (facultativement) en semi-voyelle quand elles précèdent une voyelle et suivent moins de deux consonnes.

4.3.4 La semi-vocalisation de /y/
En rendant cette règle de semi-vocalisation plus générale nous avons aussi étendu son application à la voyelle /y/. Puisque cette voyelle a la même alternance entre [+ syllabique] et [-syllabique] que /u/ et /i/, c'est exactement ce que nous voulons faire. Ainsi nous avons automatiquement expliqué les deux prononciations de *tuer*: [tye] ou [tɥe].

Néanmoins, l'analogie avec /u/ et /i/ n'est pas complète. Le Tableau 4.7 ne montre pas le fait que cette fois-ci il n'y a pas de paires minimales en parallèles avec *joie* et *joua, lion* et *lions*. En fait, les occurrences de [ɥ] obligatoire s'expliquent autrement. Elles ne sont pas attribuables à un phonème /ɥ/, mais à l'influence assimilatrice de la voyelle suivante /i/. Dans cet environnement on ne trouve que la semi-voyelle. Si la voyelle /y/ est suivie de /i/, elle est toujours transformée en semi-voyelle, l'alternance entre [y] et [ɥ] n'étant pas possible devant /i/; *fuyez* se prononce toujours [fɥie], jamais *[fyie]. En même temps la présence de deux consonnes précédentes n'empêche pas l'occurrence de [ɥ]: *truite* [trɥit], *pluie* [plɥi], etc.

Contraire à la solution pour /w/ et /u/ nous ne sommes pas obligés de postuler un phonème [ɥ]. Nous rendons compte de tous les cas de [ɥ] obligatoire par une règle pour la semi-vocalisation de /y/ devant /i/.

La semi-vocalisation de /y/.

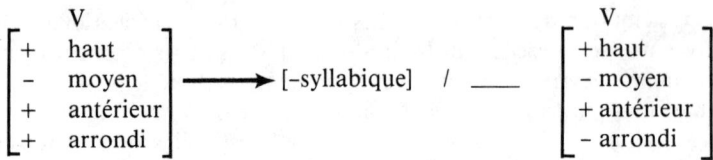

Cette règle est obligatoire et a priorité sur la règle de semi-vocalisation générale.

Nous pouvons résumer la distribution des semi-voyelles en disant que les cas d'alternance entre voyelle et semi-voyelle sont le résultat d'une règle facultative qui transforme les voyelles /u/, /i/, ou /y/ en semi-voyelles. Les cas de semi-voyelles obligatoires s'expliquent par des phonèmes indépendants /w/ et /j/, et par la semi-vocalisation de /y/ devant /i/.

Les phonèmes

Exercice 4.1
Nommez les traits pertinents qui distinguent les deux mots l'un de l'autre. Autrement dit, pour quels traits les consonnes différentes ont-elles des signes + ou − différentes.

beau / mot	_____	oui / riz	_____
léger / lécher	_____	hameau / agneau	_____
fond / vont	_____	pale / paille	_____
banc / vent	_____	nourrir / mourir	_____
ils sont / ils ont	_____	chanson / chantons	_____
quand / tant	_____	lui / nuit	_____
pont / ton	_____	oison / gazon	_____
père / pelle	_____		

Exercice 4.2
Identifiez les consonnes selon leur traits pertinents.

Exemple: _z_   + obstruant   − explosif   + apical   + voisé

____ + obstruant   + explosif   + vélaire   − voisé

____ − obstruant   + nasal   + apical

____ − obstruant   − nasal   + uvulaire

____ + obstruant   − explosif   + palatal   − voisé

____ + obstruant   + explosif   + labial   + voisé

Exercice 4.3
Donnez les traits pertinents pour les consonnes suivantes.

t   _____   _____   _____   _____

n   _____   _____   _____   _____

l   _____   _____   _____   _____

f   _____   _____   _____   _____

g   _____   _____   _____   _____

Exercice 4.4
Quel avantage gagne-t-on à utiliser le trait [explosif] à la place du mot occlusive?

Les sons du français

Exercice 4.5
Dans le passage suivant indiquez par /₀/ sous le symbole phonétique toutes les résonnantes dévoisées. Un espace large indique une frontière entre deux groupes prosodiques, et le soulignement indique une syllabe accentuée.

Une Larme du Diable

rə ne kl<u>ɛr</u> vu pre z<u>ɑ̃</u>t le mi s<u>jɔ̃</u>   me d<u>ám</u>   me s<u>jø</u>   vu za le za si st<u>e</u>   a lar pre

zɑ̃ ta s<u>jɔ̃</u> dy nə p<u>jɛs</u>   e k<u>ri</u> ti lja |sɑ̃ ɔ̃ z<u>ɑ̃</u>   par rœ̃ no t<u>œr</u> se l<u>ɛ</u> brə   e ki na ʒa me

ze te ʒw<u>e</u>   ʒy ska sə ʒu<u>r</u>

la pjɛs sa p<u>el</u>   y nə lar mə dy   d<u>ja</u> blə   e so no t<u>œr</u>   te o fil go t<u>je</u>   te o fil go

t<u>je</u>   da lə fø də sə ʒe ni a bɔ̃ d<u>ɑ̃</u>   ki lɥi per m<u>i</u> de kri ry n<u>œ̃</u> vrə   dɔ̃ le di sjɔ̃ kɔ̃ pl<u>et</u>   sə

mɔ̃ t<u>re</u> ta |plyd trwa sɑ̃ vɔ l<u>ým</u>   nə li mi ta pa sɛt fɑ̃ te z<u>i</u>   a de s<u>en</u> di a lɔ g<u>e</u>   ɑ̃

trə le prɛ̃ si p<u>o</u>   pɛr sɔ na<u>ʒ</u> dy dr<u>ám</u>   nɔ̃ rjɛ̃ nə ku t<u>e</u> ta sə|ʒœn pre zɔ̃p t<u>ɥø</u>   e i

s<u>i</u>   nɔ̃ sœl mɑ̃ lə |dja blə p<u>arl</u>   me zo s<u>i</u> djø lə p<u>ɛr</u>   sɔ̃ f<u>is</u>   e la vj<u>ɛrʒ</u>   e il si tr<u>ýv</u>

do trə r<u>ol</u> zɑ̃ kɔr ply di fi s<u>il</u>   a dis tri b<u>ɥe</u> a de zak t<u>œr</u>   kɔm sə lɥi de la br<u>iz</u>

də lar kɑ̃ s<u>jel</u>   də la fy m<u>é</u>   u də la gut d<u>ó</u>

Exercice 4.6
Identifiez les voyelles selon leur traits pertinents.

Exemple: __u__   −antérieur   +arrondi   +haut   −moyen   −bas   −nasal

_____ −antérieur   +arrondi   +haut   +moyen   −bas   −nasal

_____ +antérieur   −arrondi   −haut   +moyen   +bas   +nasal

_____ −antérieur   −arrondi   −haut   −moyen   +bas   −nasal

_____ +antérieur   −arrondi   +haut   +moyen   −bas   −nasal

_____ +antérieur   +arrondi   +haut   −moyen   −bas   −nasal

Les phonèmes

Exercice 4.7
Donnez les traits pertinents des voyelles suivantes.

/i/ _____ _____ _____ _____ _____ _____

/ɔ̃/ _____ _____ _____ _____ _____ _____

/ø/ _____ _____ _____ _____ _____ _____

/u/ _____ _____ _____ _____ _____ _____

/a/ _____ _____ _____ _____ _____ _____

Exercice 4.8
Transcrivez les mots suivants selon le standard parisien. Employez /e, ø, o/ où une voyelle mi-haute est nécessaire, /ɛ, œ, ɔ/ où il faut une voyelle mi-basse, et les majuscules /E, Œ, O/ où une variation non-distinctive est permise.

Exemple: respecter   r ɛ sp ɛ k te

    heureux   _____

    moniteur   _____

    nécessaire   _____

    observer   _____

    peut-être   _____

Exercice 4.9
Donnez les arguments pour et contre la reconnaissance d'un seul phonème /ø/ au lieu des deux phonèmes /ø/ et /œ/.

Les sons du français

Exercice 4.10
Donnez la forme qui convient à chaque mot: la semi-voyelle, la voyelle, ou les deux.

| Exemple: | truelle | y |
| | lier | i ou j |

ruine	pion	cahier
pois	fluide	Louis
crier	nier	suer
droit	moins	riez
souhait	voiture	Yoplait
nuage	cruel	ébloui

Exercice 4.11
Indiquez si le [j] représente la consonne /j/, est un allophone de la voyelle /i/, ou apparaît comme un son de transition entre deux voyelles.

| Exemple: | lions | V |
| | lion | C |

tiers	il y a	billet
hiérarchie	liaison	yeux
vanille	chrétien	nièce
ouvrier	bien	abeille
nation	soleil	oublier
ailleurs	appuyer	cahier
iode	essuyer	

Exercice 4.12
Expliquez pourquoi il n'y a pas de phonème consonantique /ɥ/.

Exercice 4.13
Ecrivez une règle de forme phonologique pour décrire le dévoisement de /l/ après obstruante sourde.

Chapitre 5
Les syllabes

Jusqu'ici, nous avons étudié la phonétique et la phonologie des consonnes et des voyelles françaises comme si elles étaient des sons plus ou moins indépendants enchaînés dans la parole comme des maillons. De cette conception vient l'expression la **chaîne parlée**. En fait, cette image fausse un peu la réalité phonétique. Les sons se succèdent si rapidement, et sont si étroitement liés les uns aux autres, qu'ils s'influencent phonétiquement. Il est inexact de dire qu'une chaîne de phonèmes forme des mots parlés, si l'on ne précise pas qu'il y a des modifications assimilatives dans les réalisations de ces phonèmes. Il faut noter, en plus, que certaines suites de sons sont plus liées que d'autres. Les sons de la chaîne parlée sont groupés en segments phoniques structurés.

Le premier échelon de segments phoniques est la **syllabe**. Ce segment est une combinaison élémentaire de consonnes et de voyelles, le premier niveau d'organisation des séquences des sons. Nous expliquons les suites de consonnes et de voyelles tolérées dans la langue en fonction des formes de la syllabe. Ce segment est constitué d'un noyau (une voyelle ou une résonnante syllabique), et des consonnes suivantes et précédantes. Les consonnes sont facultatives; on peut avoir des syllabes sans consonnes, mais on ne trouve pas de syllabes sans noyau. La grande majorité des syllabes comprennent des consonnes, mais ces sons restent à la marge de la syllabe et ne sont jamais obligatoires à son existence.

De différentes formes syllabiques sont illustrées dans le mot *ingénieur* /ɛ̃ ʒe njœr/. Chacune des ses trois syllabes a une forme différente: V, CV, CCVC. Le nombre et la localisation des consonnes sont variables. En contraste, il n'y a qu'une voyelle par syllabe et chaque voyelle est le centre d'une seule syllabe. Ainsi, le nombre de syllabes correspond toujours au nombre de noyaux: vocaliques ou résonnantes.

En principe, la syllabe est une notion claire en français. Elle fait partie de l'intuition des locuteurs, et elle est universellement acceptée comme une unité importante dans la phonologie. Malgré cette réalité psychologique pour les francophones, les réalités physiologique et acoustique sont très difficiles à mesurer. Il est prudent de voir la syllabe comme une entité phonologique utile à la description de la langue sans trop insister sur ses caractères phonétiques.

5.1 La syllabation ouverte

Une des caractéristiques principales de la syllabation française est la tendance à terminer les syllabes, autant que possible, par une voyelle. Cette tendance a été vérifiée par une étude statistique de Pierre Delattre (Delattre, 1965, p. 41). En comptant le nombre de types de syllabes différentes dans un corpus de 2000 syllabes, il a trouvé les pourcentages qui apparaissent dans le Tableau 5.1.

Les sons du français

Tableau 5.1

La forme des syllabes

Types de Syllabes	Exemple	Pourcentage
V	est	6
CV	paix	55
CCV	près	14
CCCV	proie	1

Total: Syllabes ouvertes		76%
VC	art	2
CVC	part	17
Autres syllabes fermées		5

Total: Syllabes fermées		24%

Ce pourcentage élevé de syllabes ouvertes n'est pas un simple accident. C'est le résultat d'une préférence nette à attacher toute consonne à la voyelle qui la suit. Dans le mot *préférence*, par exemple, la coupe syllabique est /pre fe rãs/. Seule la dernière syllabe est fermée, parce qu'elle est finale, et il n'y a pas de voyelle suivante où la consonne pourrait s'attacher. Et quand il y a plusieurs consonnes entre voyelles on suit le même principe. Autant que possible, toutes les consonnes intervocaliques sont renvoyées à la voyelle suivante, ce qui laisse la syllabe précédente ouverte. Ainsi les mots *supplément* et *ouvrir* ont les coupes syllabiques /sy ple mã/ et /u vrir/. La qualification, autant que possible, est nécessaire parce que la langue n'accepte pas n'importe quelle séquence de consonnes au début d'une syllabe. Certaines y sont exclues. La syllabation du mot *accident* /ak si dã/ est un bon exemple. La première syllabe est fermée parce que la langue ne tolère pas la suite consonantique initiale /ks/, et /k/ doit fermer la syllabe /ak/. Il est évident que la syllabation dépend d'une connaissance des suites de consonnes permises au début de la syllabe.

5.2 Les suites de consonnes permises

Le critère le plus direct pour déterminer quelles suites de consonnes sont possibles est d'accepter comme suite permise tous les groupes de consonnes qui apparaissent au début des mots. Une suite tolérée au début d'un mot doit forcément être autorisée au début d'une syllabe. (Nous verrons dans la discussion du E latent que d'autres suites additionelles sont de plus en plus acceptées.) Les suites consonantiques initiales des syllabes les plus communes en français sont présentées dans le Tableau 5.2 (Ce tableau est emprunté à Albert Valdman (1976, p. 88)).

Les syllabes

Tableau 5.2

Suites de consonnes initiales de syllabe

	Obstruantes				Résonnantes Orales		Semi-voyelles		
C₁ \ C₂	p	t	k	f	l	r	w	j	ɥ
s	spécial	stère	scandale	sphère			soir	sien	suer
p					plan	prends	pois	pion	puer
k					clan	cran	quoi	kiosque	cuit
f					flanc	franc	fois	fier	fuite
b					blanc	branche	bois	biais	buisson
g					gland	grand	gouache		
t						tranche	toi	tien	tuile
d						drap	doigt	Dieu	duel
v						vrai	voix	vieux	
ʃ							choix	chien	chuinter
ʒ							joie		juillet
m							moi	mien	muet
n							noix	nier	nuit
l							loi	lien	lui
r							roi	rien	ruine

En observant soigneusement la structure de ce tableau, essayez de trouver des règles générales qui gouvernent l'occurrence de ces suites. Par exemple, on voit tout de suite que le /s/ est la seule consonne possible devant une obstruante. Qu'est-ce vous pouvez dire sur la distribution des nasales parmi ces suites? Et les autres consonnes?

Aux suites consonantiques du Tableau 5.2 il faut ajouter quelques-unes que l'on trouve dans des mots empruntés: /ps/ *psychologique*, /pn/ *pneu*, /tʃ/ *Tchèque*, et /kn/ *Knock*. Bien que les Français prononcent ces suites de consonnes sans difficulté, elles restent hors du système. Elles ne sont pas de bons indicateurs des suites consonantiques pour la coupe syllabique.

Vous avez sans doute pu dégager du Tableau 5.2 que la grande majorité des suites de consonnes initiales se composent d'une obstruante suivie d'une résonnante orale. La seule consonne à précéder une obstruante est /s/, et les résonnantes ne précèdent que les semi-voyelles. Si une semi-voyelle est présente, elle est toujours la dernière consonne de la suite. Si nous symbolisons les obstruantes par la majuscule K, les résonnantes /r/ et /l/ par R, et les semi-voyelles /w/, /j/, et /ɥ/ par W, nous pouvons faire un résumé des types de suites consonantiques initiales de syllabe en notant que les consonnes apparaissent toujours dans l'ordre /s/ + K + R + W. Le /s/ est toujours le premier, et l'obstruante précède la résonnante, qui à son tour précède la semi-voyelle.

L'ordre /s/ + K + R + W est valable aussi pour les suites à trois consonnes. Nous trouvons, par exemple, des mots en KRW comme *proie, croit, froid, Blois, droit, gloire*. En plus il y a des suites en sKR: /str/ *structure*, /spl/ *splendide*, /skr/ *scribe*, /skl/ *sclérose*, et /spr/ *sprint*. Toutes ces suites à /s/ initial apparaissent en mots savants ou empruntés. Contrairement aux suites KRW, ces suites ne sont pas encore tout à fait intégrées dans le système français.

Derrière cet ordre de consonnes permises dans la syllabe il y a une tendance phonétique générale. On préfère commencer la syllabe par la consonne la plus fermée (à l'exception de /s/), passer à des consonnes un peu plus ouvertes avant de finir par la voyelle, qui est le plus ouvert de tous les sons. La syllabe française a donc une tendance à s'ouvrir, non seulement par sa fin vocalique, mais aussi par l'ordre des consonnes qui précèdent la voyelle.

5.3 La coarticulation des sons en séquence

Quand deux sons sont prononcés l'un après l'autre il faut un intervalle de transition entre les deux. La langue a besoin d'un certain temps pour passer d'un lieu d'articulation à un autre. Si le débit de la parole est rapide, ce qui est le cas normal, la synchronisation des mouvements est imparfaite, de sorte que l'articulation de chaque son a tendance à chevaucher celle des sons voisins. Deux sons contigus tendent donc à acquérir des caractères communs. Cette conséquence de la coarticulation est **l'assimilation**, un phénomène commun dans la phonétique de toutes les langues. Le dévoisement de /l/, que nous avons déjà vu, en est un exemple. Là, le caractère sourd de l'obstruante précédente persiste pendant une partie de l'articulation de /l/. On peut dire que les lèvres vocales se mettent en vibration un peu tard dans l'articulation du /l/.

Ce dévoisement assimilatif n'est pas limité au phonème /l/; il est caractéristique en français de toutes les résonnantes après une obstruante sourde. Dans les exemples ci-dessous les /r/, les semi-voyelles, et les nasales sont partiellement ou complètement dévoisés.

	/r/		semi-voyelles		nasales	
franc	[fr̥]	poids	[pw̥]	idéalisme	[sm̥]
trois	[tr̥]	puit	[pɥ̥]	romantisme	[sm̥]
croire	[kr̥]	pied	[pj̥]	capitalisme	[sm̥]
prend	[pr̥]	tient	[tj̥]	pneu	[pn̥]

Dans ces cas, où c'est le premier son qui assimile le deuxième, nous parlons d'assimilation **persévérante** ou **progressive**. Ces termes expliquent que le trait assimilant persévère pendant le deuxième son, ou qu'il avance dans le sens du temps.

L'assimilation touche aussi les suites d'obstruantes. Cette fois elle va dans le sens contraire. C'est normalement la deuxième obstruante qui assimile la première: ainsi le nom **régressive**. Parce que le locuteur anticipe l'articulation du second son, ce type d'assimilation est aussi appelé **anticipante**. Il arrive souvent, mais pas toujours, que la deuxième obstruante est un /s/. Voir les exemples suivants:

substance	[ps]	svelte	[zv]
absurde	[ps]	obtenir	[pt]
obscure	[ps]	anecdote	[gd]
observe	[ps]		

Le mot *subsister* et ses formes dérivées paraissent être des exceptions à l'assimilation anticipante entre obstruantes. Il est normalement prononcé /syb zi ste/ avec une assimilation persévérante.

Un autre type d'assimilation anticipante fréquent en français est l'adaptation d'une consonne à la voyelle suivante. Ce phénomène est souvent connu sous le terme **anticipation vocalique**. Toutes les fois qu'il est possible les consonnes initiales de syllabe s'assimilent au lieu d'articulation de la voyelle nucléaire. Afin de décrire cette assimilation il faut pouvoir mettre en corrélation les termes décrivant les lieux d'articulation vocaliques et consonantiques. Les voyelles antérieures sont palatales et les voyelles postérieures sont vélaires en termes consonantiques. Ainsi les consonnes devant une voyelle antérieure tendent à être prononcées avec la langue levée vers le palais dur. On dit qu'elles sont **palatalisées**. De la même façon la langue veut se lever vers le voile du palais pendant la prononciation d'une consonne qui se trouve devant une voyelle postérieure. Cette anticipation de la voyelle vélaire est appelée la **vélarisation**. Dans les mots *qui, lu, dit, thé* et *noeud* la consonne initiale subit une légère palatalisation, et dans les mots *cou, lot, doux, faux* et *non* ces mêmes consonnes sont plutôt vélarisées. Les consonnes labiales et le /r/ sont exclus de ces exemples parce qu'ils sont beaucoup moins modifiés par ces processus.

Une autre variante de l'anticipation vocalique est la labialisation des consonnes. Une consonne en contact avec une voyelle arrondie qui la suit se prononce souvent avec les lèvres avancées et arrondies. Comparez votre prononciation du /ʃ/ dans les mots *chic* et *chou*, du /k/ dans les mots *quai* et *queue* et du /s/ dans les mots *si* et *su*.

En resumé, nous pouvons noter quelques tendances générales. L'assimilation en français est plutôt anticipante que persévérante; seules les séquences obstruante + résonnante sont persévérantes. Et l'assimilation est la plus fréquente pendant une suite de consonnes initiales. Elle est plutôt rare dans une suite consonantique en fin de syllabe. Généralement les consonnes ont peu d'influence assimilative sur la voyelle. La coarticulation des sons dans la syllabe semble maintenir les traits pertinents du noyau, et adapter les consonnes à cet élément principal de la syllabe, la voyelle. Donc l'assimilation, de même que la syllabation ouverte, renforce l'importance de la voyelle dans la chaîne parlée française.

Les syllabes

Exercice 5.1
Transcrivez les mots suivants en indiquant la coupe syllabique. Soyez prêt à justifier vos divisions.

Exemple: réduction   / re dyk sjɔ̃ /

librairie   _____

illustration   _____

réussir   _____

perplexité   _____

souffrir   _____

sérieux   _____

silhouette   _____

multiplication   _____

société   _____

signature   _____

préscription   _____

mutuel   _____

législature   _____

obstacle   _____

satisfaction   _____

Exercice 5.2

Pour les mot suivants transcrivez phonétiquement la suite de consonnes soulignée. Indiquez par un /₀/ sous la consonne laquelle des deux consonnes est dévoisée, et dites si l'assimilation est anticipante ou persévérante. S'il n'y a aucune assimilation de sonorité, indiquez ce fait.

Exemple: c<u>r</u>oire   kr̥   persévérante
              mer<u>v</u>eille   aucune assimilation

p<u>l</u>uie

o<u>bs</u>truante

ci<u>rc</u>onstance

p<u>r</u>éfixe

me<u>sm</u>eri<u>sm</u>e

mé<u>tr</u>o

a<u>bs</u>ent

p<u>oi</u>nt

off<u>r</u>ir

<u>cl</u>arté

mor<u>ph</u>ologie

na<u>ti</u>on

mi<u>cr</u>obe

per<u>t</u>inent

o<u>bs</u>truction

p<u>i</u>èce

<u>chr</u>onique

Chapitre 6
Les prosodies

Nous venons de voir la syllabe comme l'unité d'organisation de la parole au premier niveau. Lorsque nous passons à l'étude des niveaux d'organisation supérieurs à la syllabe, nous entrons dans le domaine de la prosodie. Par prosodie nous voulons dire le **ton**, l'**intensité**, et le **temps**. Ce sont des éléments essentiels et intrinsèques aux sons qui influent sur notre interprétation des énoncés, bien qu'ils ne jouent pas un rôle direct dans la reconnaissance des différentes voyelles et consonnes.

Chaque son est forcément prononcé avec une certaine intensité pendant un certain temps, et s'il est voisé, à un certain niveau de ton. Ces trois éléments des sons, leurs paramètres prosodiques, peuvent varier sur toute une gamme de valeurs, mais une valeur quelconque est inévitable. Un son à temps zéro ou à intensité zéro n'existe pas. La présence des trois paramètres prosodiques étant une donnée certaine pour tous les sons, ce qui nous intéresse en phonétique est de savoir à quel niveau ils sont présents. C'est une question de degré et non une question de présence ou d'absence de sons.

Il est utile de voir les prosodies sur trois plans phonétiques différents. Au plan acoustique nous pouvons mesurer la fréquence fondamentale du ton, l'amplitude de l'intensité, et pour le temps, la durée du signal acoustique. Au plan physiologique il s'agit du nombre de battements par seconde des lèvres vocales, de la force de l'air expiré des poumons, et de la durée de l'articulation. Ces mêmes paramètres sont, au plan perceptuel, la hauteur tonale, la force sonore, et trois concepts du temps: la longueur des phonèmes, le rythme des groupes, et le débit des énoncés.

Ces plans phonétiques représentent trois façons différentes de mesurer la variation dans la réalisation des prosodies. Elles restent distinctes du plan fonctionnel ou linguistique. La corrélation entre les trois paramètres prosodiques et leurs fonctions linguistiques n'est ni directe, ni simple. Les variations de ton, d'intensité, et de temps peuvent servir à marquer des unités linguistiques à plusieurs niveaux, mais contrairement à notre impression naïve, l'accent n'est pas uniquement lié à l'intensité, et l'intonation n'est pas le seul changement du ton. Il apparaît que tous les paramètres prosodiques ensemble contribuent à notre perception des phénomènes linguistiques de la prosodie.

Nous sommes obligés donc de garder une nette distinction entre nos termes de la réalisation phonétique (aux plans acoustique, physiologique, ou perceptuel) et nos termes de la fonction linguistique. Nous appellerons **accentuel** toute variation prosodique qui touche au mot ou à son équivalent proche, et emploierons le terme **intonatif** pour les changements des prosodies qui ont comme domaine l'énoncé ou un de ces segments principaux. En français nous verrons deux segments prosodiques dans l'énoncé: un groupe accentuel et un groupe intonatif.

Ce sont des unités de réalisation de la parole qui n'ont pas de limite fixe. Leur caractère dépend surtout de la façon dont le locuteur organise son énoncé. Cette organisation reflète la structure syntaxique de la phrase, mais il est impossible de spécifier les groupements prosodiques sur les seules règles syntaxiques. Nous esquissons ici quelques principes de l'organisation hiérarchique de la prosodie qui semblent expliquer comment les mots sont regroupés dans l'énoncé. Nous nous limitons surtout aux changements de ton sur la syllabe accentuée, la dernière syllabe du groupe, parce que c'est à cet endroit que l'on trouve la plupart des signes à rôle linguistique. Ces signes donnent de l'information sur la fonction du groupe entier, bien qu'ils se réalisent phonétiquement sur la seule syllabe finale du groupe. Les variations prosodiques sur les autres syllabes de l'énoncé signalent avant tout le style et l'émotion.

6.1 Le groupe accentuel

Dans beaucoup de langues du monde le segment phonique au niveau immédiatement supérieur à la syllabe est centré sur un mot d'importance sémantique; c'est à dire un mot qui vient du lexique, normalement un substantif, un verbe, ou un adjectif. Une des syllabes de ce mot lexique reçoit une certaine proéminence prosodique. D'une manière ou d'une autre elle est plus forte que les syllabes voisines. Cette proéminence est une propriété du mot, et nous l'appelons **accent**. Un mot plein peut être le seul constituant du segment phonique, ou bien d'autres mots moins importants et sans accent (articles, prépositions, etc.), peuvent s'y attacher. En anglais, par exemple, l'expression *a friend of mine* /ə frɛnd əv main/ se compose de deux segments *a friend* et *of mine*, dont *friend* et *mine* seuls portent un accent. Ici, l'identité phonétique de chaque mot principal est repérée, du moins approximativement, par la localisation de l'accent et par la coupe syllabique. (Les syllabes anglaises ne sont pas souvent à cheval sur les mots; au contraire elles appuient la séparation phonétique entre les différents mots de l'énoncé.)

En français l'expression équivalente *un de mes amis* forme un seul segment phonique. Elle ne contient qu'un seul accent, sur la syllabe finale, et la coupe syllabique efface toutes les frontières de mots. Par la transcription phonétique /ɛ̃ me za <u>mi</u>/ il est évident que les frontières entre les mots individuels se sont perdues dans le discours, et la seule syllabe finale du groupe est accentuée. Comme leurs équivalents anglais les mots lexiques du français ont chacun un accent dans leur forme abstraite. Cet accent sous-jacent est réalisé quand le mot est prononcé en forme isolée et quand il est le mot final du groupe prosodique; en d'autres circonstances il n'est pas réalisé. Le second niveau d'organisation de la parole en français n'est donc pas le mot, mais le petit groupe de mots que nous appelons **groupe accentuel**.

Cette unité prosodique consiste en un mot lexique principal et tous les petits mots qu'y sont étroitement liés par la syntaxe. A ce mot principal, appelé la **tête** du groupe et muni d'un accent, on ajoute tous les mots non-accentuables qui le précèdent immédiatement dans la phrase. Une telle séquence constitue un *groupe accentuel minimal*. Dans la phrase (1) nous reconnaissons quatre groupes minimaux, identifiés par des lignes surmontées d'un *a*. La syllabe accentuée de chaque groupe est marquées par le soulignement.

Les prosodies

(1a)

Dans la prononciation normale de cet énoncé ces petits groupes seraient trop courts d'être indépendants. Des groupes de cette longueur ne seraient réalisés que dans le discours très lent. Il est plus commun d'en réunir plusieurs afin de former un groupe accentuel plus long. Par exemple, un groupe qui consiste en un seul mot et qui est en même temps un complément de la tête du groupe précédant perd son indépendance; il se rejoint au premier groupe. C'est bien le cas des mots *ingénieur* et *chimique* de la phrase (1a). Ainsi cette phrase sera restructurée selon le schéma suivant où *a'* signifie un groupe accentuel restructuré.

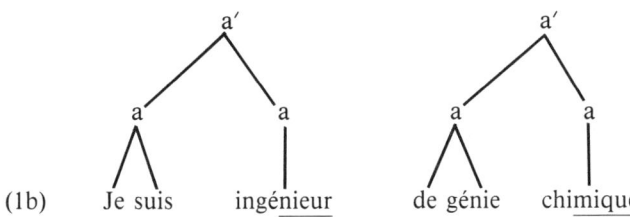

(1b)

Phonétiquement ce groupement prosodique est réalisé par un prolongement de la syllabe finale et par un mouvement tonal perceptible sur cette même syllabe. Dans la phrase (1b) les mots lexique *ingénieur* et *chimique* ont gardé leur accent sous-jacent parce qu'ils se trouvent toujours à la fin du groupe accentuel. Les mots *suis* et *génie* ont pourtant perdu leurs accents dans les nouveaux groupes restructurés; les accents lexiques des mots non-finals ne se réalisent pas.

6.2 Le groupe intonatif

Dans l'hiérarchie prosodique de l'énoncé le niveau accentuel est subordonné au niveau intonatif, celui des segments principaux de l'énoncé. Un groupe intonatif est formé par le rassemblement de plusieurs groupes accentuels, ou par un seul groupe accentuel élevé à la hauteur de la fonction intonative. Dans le cas de plusieurs groupes accentuels rassemblés le dernier de ces groupes porte les signes intonatives. Ce sont une syllabe finale plus longue et un changement de ton plus important. Un groupe intonatif composé d'un seul groupe accentuel a les même signes qu'un groupe accentuel final.

La différence phonétique entre les groupes accentuel et intonatif n'est qu'une différence de degré. Les variations de ton et de durée qui ont lieu pendant la prononciation de ces deux types de groupe prosodique sont du même ordre. A la fin du groupe intonatif pourtant la durée syllabique et le changement de ton sont plus grands. Le groupe intonatif est un segment plus long et plus important dont les frontières sont

Les sons du français

plus claires et les rapports avec les autres groupes prosodiques mieux marqués. Il a une influence sur l'interprétation de l'énoncé entier tandis que le groupe accentuel n'affecte que la structure interne de l'énoncé.

En reprenant la phrase (1) comme exemple nous verrons mieux les caractèristiques du groupe intonatif et comment il se distingue du groupe accentuel. Un locuteur pourrait organiser la prosodie de cette phrase en deux groupes intonatifs ou en un seul. Les structures de ces alternatives se voient dans les schémas de (1c) et (1d) où *i* est à la tête du groupe intonatif.

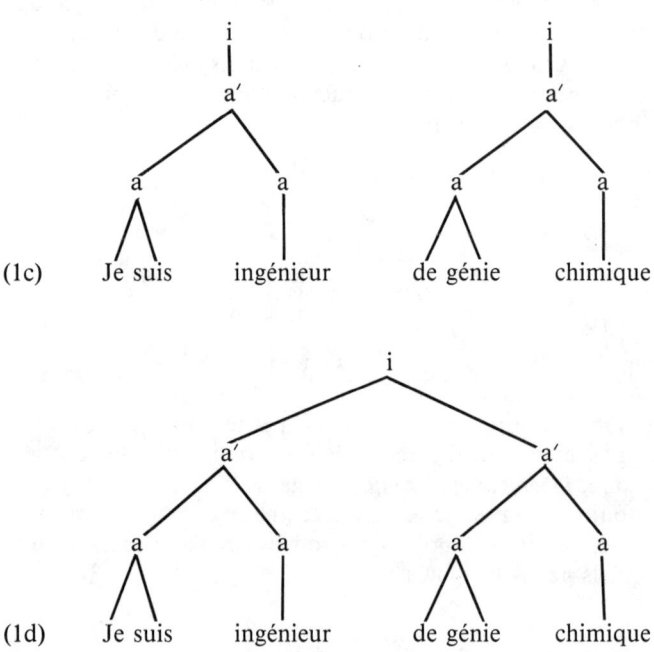

Dans la première version (1c) les deux groupes intonatifs ont une importance égale. Les deux se terminent par des syllabes d'une longeur prosodiquement équivalente. (Les différences de qualité vocalique et de consonne finale ont une influence considérable sur la longueur réelle.) En même temps les deux syllabes finales sont accompagnées de changements tonals du même ordre. Bien que le ton monte à la fin du premier groupe et descende à la fin du second, les courbes sont de la même étendue. Chaque groupe accentuel de cette phrase est aussi un groupe intonatif.

Si nous marquons les courbes tonales à la fin du groupe intonatif par une flèche montante ou descendante selon le sens du mouvement du ton, la phrase (1c) aura la notation suivante.

(1c)   Je suis ingé<u>nieur</u>↗   de génie chi<u>mique</u>↘

La fin d'un groupe intonatif est donc marquée deux fois: par le soulignement de la durée syllabique à la fin de chaque groupe accentuel et par une flèche qui indique le sens de la courbe intonative.

La réalisation prosodique de la phrase (1d) dans un seul groupe intonatif crée deux groupes prosodiquement inégaux. Le premier n'est qu'un simple groupe accentuel, sous-constituant du groupe intonatif entier. Le second se termine par les variations plus grandes de la fin de groupe intonatif. Ainsi la durée et changement de ton de la syllabe finale sont moindres pour *ingénieur* qu'ils ne sont pour *chimique*.

Nous notons cette différence dans l'étendue du changement tonal en utilisant une simple ligne montante au lieu d'une véritable flèche, et la prosodie de la phrase (1d) est transcrit comme suit.

(1d) Je suis ingé<u>nieur</u> de génie chi<u>mique</u>

Cette différence entre une ligne et une flèche suffit donc de distinguer les groupes accentuels non-finals et finals d'un groupe intonatif. La différence de durée sur la syllabe finale entre ces deux groupes n'est pas marquée d'une façon explicite, mais suit automatiquement de l'identification du type de groupe prosodique.

Il est évident des deux structures (1c) et (1d) que l'organisation en groupes intonatifs est variable. Il est aussi vrai que la sélection de ces groupes suit certains principes. On a tendance à rassembler dans un seul groupe intonatif tous les groupes accentuels jusqu'à la fin d'un groupe dont la tête est un substantif principal de la phrase. Faute d'un tel substantif le groupe continue jusqu'à la fin d'une proposition majeure, ou jusqu'à la fin de la phrase entière. C'est ce principe qui a donné les deux groupes intonatifs de la phrase (1c). Le mot *ingénieur* est un substantif principal qui peut bien terminer un groupe intonatif.

Si pourtant les groupes déterminés par ce principe sont très courts, deux groupes voisins peuvent se réunir. La phrase (1d) est un bon exemple de deux groupes intonatifs combinés.

Sa structure véritable est la suivante:

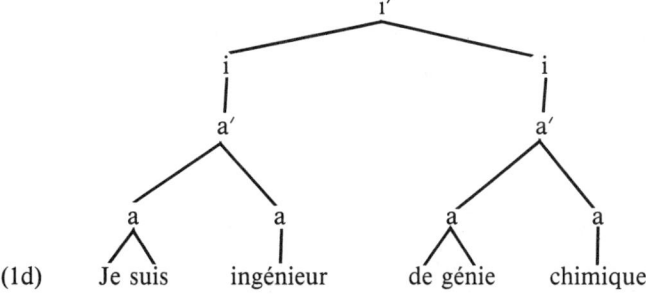

(1d)

Un autre exemple de cette restructuration prosodique est la phrase (2) où la première organisation de (2a) cède à celle de (2b).

Les sons du français

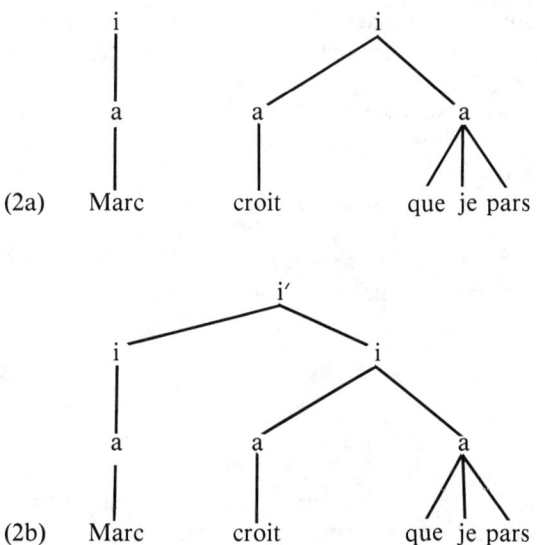

Parfois la restructuration est dans le sens inverse; les groupes trop longs sont souvent divisés. Dans la phrase (3) le premier substantif vient à la fin, et la structure de (3a) peut se remplacer par celle de (3b).

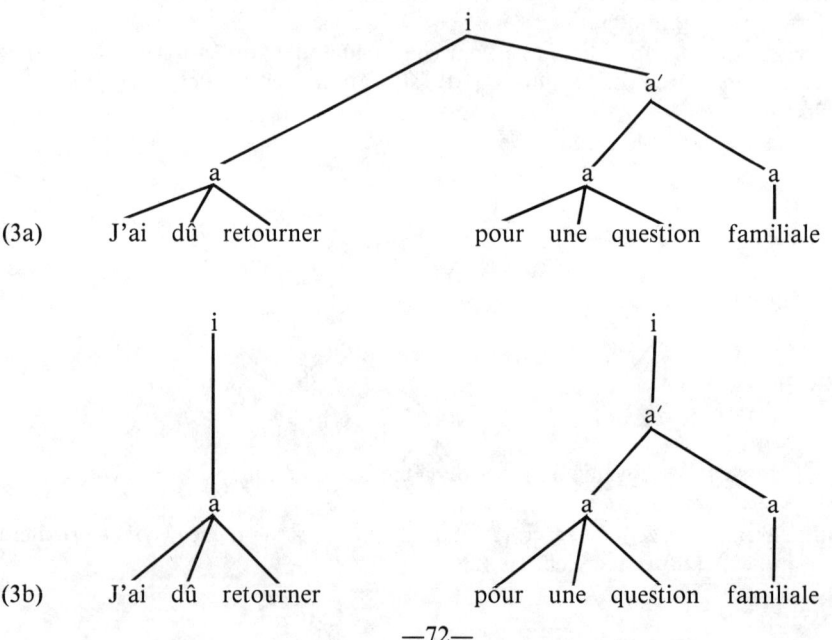

6.3 Les patrons prosodiques

Nous avons déjà vu la phonétique des groupes prosodiques et comment on peut transcrire l'accentuation et les mouvements tonals. Il faut maintenant jeter un coup d'oeil sur quelques patrons prosodiques typiques et leurs fonctions linguistiques. Nous considérons les patrons prosodiques sur le groupe accentuel, le groupe intonatif, et l'énoncé. Le groupe accentuel n'a pas de fonctions intonatives très nettes. Par contre, les mouvements tonals à la fin des groupes intonatifs marquent les rapports entre les différents groupes de l'énoncé et la modalité de l'énoncé lui-même. Enfin, il y a plusieurs combinaisons de différentes sortes de groupes intonatifs qui sont typiques des énoncés.

6.3.1 La prosodie du groupe accentuel

La fonction principale du groupe accentuel est de lier les mots, lexiques et grammaticaux, selon leur sens. Ce groupe contribue peu donc à l'interprétation de l'énoncé au niveau intonatif. Néamoins, il y a normalement un petit mouvement tonal à la fin du groupe accentuel, et nous pouvons noter ce que ce mouvement semble suggérer.

Le groupe accentuel étant toujours non-final dans l'énoncé, il est toujours lié au groupe suivant. Sa courbe tonale sur la syllabe accentuée n'a donc pas la fonction de signaler la continuation. Tout de même, une courbe montante semble rendre cette continuation plus explicite. En même temps elle suggère un style de politesse ou de gentillesse. C'est le cas des groupes accentuels au début des expressions suivantes:

l'arrivée de Paul

je te présente Paul Gilbert

Ses valises sont ici

Tandis que cette courbe montante est fréquente dans la conversation, elle est loin d'être nécessaire. La courbe descendante est aussi commune. Elle est surtout courante dans les groupes brefs et rapides. Par exemple:

Il trouve la soeur de Daniel

Bonjour Mademoiselle

Une courbe descendante est probablement plus habituelle dans un groupe qui contient un accent d'insistance (voir section 6.5). Phonétiquement il faut baisser le ton après la montée de l'insistance. Ainsi la phrase:

Il va passer l'année à Paris

Les sons du français

Le ton du groupe accentuel peut tomber aussi pour mettre mieux en relief la courbe montante à la fin de son groupe intonatif. Ce contraste se voit dans la phrase:

Chez un a<u>mi</u> fran<u>çais</u>

6.3.2 La prosodie du groupe intonatif

Le groupe intonatif, par définition, est le porteur principal de l'information intonative. La courbe tonale sur sa syllabe accentuée signale la place du groupe dans la structure de l'énoncé, elle indique aussi la modalité de la phrase. Pour réaliser phonétiquement ces signaux intonatifs le français ne se sert que de trois courbes distinctes, la montée (↗), la chute (↘), et rarement un ton à niveau non-changeant (→). Les différences de hauteur ou de longueur dans les courbes changent l'intensité du signal sans beaucoup changer son interprétation linguistique. Il s'ensuit que cette interprétation dépend beaucoup du contexte et des attentes de l'auditeur. Au niveau strictement phonétique le changement de ton est ambigu.

6.3.2.1 Le groupe intonatif non-final

Parmi les groupes non-finals, où la fonction principale de la courbe intonative est de clarifier les rapports avec le groupe suivant, nous trouvons et les montées et les chutes. La montée signifie avant tout la continuation, ce qui veut dire que le locuteur va continuer son énoncé en disant au moins un autre groupe intonatif. Normalement ce second groupe doit compléter le sens du premier. Les deux groupes sont donc sémantiquement bien liés. Voir les phrases suivantes:

Il va passer l'an<u>née</u> à Pa<u>ris</u> chez un ami fran<u>çais</u>

Je suis très heur<u>eux</u> de faire votre connaiss<u>ance</u>

La différence entre ces deux groupes intonatifs non-finals et les groupes accentuels n'est qu'une question de la longueur du groupe et de l'ampleur des changements prosodiques.

Une chute tonale sur un groupe intonatif non-final signale une séparation sémantique avec le groupe qui suit. Ce n'est pas, évidemment la fin de l'énoncé, mais ce groupe a une certaine indépendance sémantique par rapport au groupe suivant. Cette chute de séparation est caractéristique des vocatifs et d'autres mots introductifs. Par exemple:

<u>Paul</u>, voilà ma s<u>oeur</u>

Ma<u>man</u>, tu es <u>là</u>?

<u>Non</u>, pas t<u>ous</u>

Néanmoins, la montée tonale n'est pas exclue de cette fonction, surtout si le locuteur veut exprimer un intérêt spécial. Ainsi, l'énoncé:

Oui, avec plaisir

Cette même séparation existe devant un accent d'insistance (voir section 6.5). Voilà ce qui explique la chute tonale dans le premier groupe intonatif de la phrase:

Il trouve la soeur de Phillipe ↑dans l'entrée

6.3.2.2 Le groupe intonatif final   Dans le dernier groupe de l'énoncé la fonction la plus importante est d'exprimer la modalité. Par modalité nous voulons dire une modification dans l'intonation qui change le caractère de l'énoncé entier. Normalement une modalité est synonyme d'une des catégories principales de la syntaxe: affirmative, interrogative, ou impérative. Mais elle peut signaler aussi une implication, où l'on suggère plus que l'on n'en dit explicitement.

La plupart des modalités de l'énoncé sont caractérisées par une courbe intonative descendante. Phonétiquement la chute tonale finale est le plus naturel des mouvements à produire. On a raison d'associer le ton descendant avec la finalité. La courbe montante à la fin est une courbe marquée qui signale quelque chose de spécial. Ainsi, seule la question dont la réponse est oui ou non (que nous appellerons **question totale**, parce que l'interrogation porte sur la phrase entière) et l'implication sont marquées par une montée. Les exemples qui suivent montrent les patrons intonatifs des différentes modalités:

Déclarative: Vous êtes ici chez vous.

Impérative: Soyez le bienvenu.

Question partielle: Où est maman?

Question totale: Paul arrive?

La courbe montante de la question totale n'est pas obligatoire. Elle est souvent omise (remplacée par une chute) quand la question est déjà signalée par l'inversion ou par *est-ce que*. Ainsi les énoncés:

Question avec inversion: Voulez-vous voir votre chambre?

Question avec *est-ce que*: Est-ce que tous vos bagages sont là?

La modalité de l'implication a une courbe un peu différente. Elle est une montée suivie d'une chute. Si le mot final du groupe est constitué de plusieurs syllabes, cette courbe composée est réalisée sur les deux dernières. Le ton monte sur la pénultième et descend tout de suite sur la finale. Si le mot final est monosyllabique les deux mouvements ont lieu sur la seule syllabe finale. Voici un exemple de chaque possibilité:

$$\text{Je n'ai pas}\underset{\nearrow}{\text{sé}} \text{ aucun o}\underset{\wedge}{\text{ral}}.$$

$$\text{Il est enc}\underset{\nearrow}{\text{ore}} \text{ à la g}\underset{\wedge}{\text{are}}.$$

Cette courbe en deux parties paraît se construire d'une montée qui marque un intérêt spécial suivi d'une chute de finalité. Il serait aussi possible de l'analyser comme un accent d'insistance devant la finalité.

Il y a finalement le ton horizontal qui ne monte ni ne tombe sur la dernière syllabe. Ce maintien du ton stable donne l'impression d'une intonation chantée. On s'en sert de temps en temps dans les expressions figées et stéréotypées. Par exemple:

$$\text{Bonj}\underset{\nearrow}{\text{our}} \text{ Mons}\underset{\rightarrow}{\text{ieur}}.$$

6.3.3 Quelques patrons intonatifs de l'énoncé.

Les patrons intonatifs qui se réalisent sur l'énoncé sont tellement variés qu'il est très difficile de généraliser. Toutes sortes de combinaisons de groupes accentuels et groupes intonatifs avec leurs courbes différentes sont possibles, sans parler des accents d'insistance qui influencent les courbes normales. Les phrases suivantes serviront d'exemples de quelques énoncés à patrons intonatifs plus ou moins communs dans la conversation soignée.

D'abord il y a la phrase déclarative où tous les groupes sauf le groupe final sont à courbe intonative montante.

$$\text{Paul Gilb}\underset{\nearrow}{\text{ert}} \text{ est un }|\text{jeune étudi}\underset{\nearrow}{\text{ant}} \text{ améric}\underset{\wedge}{\text{ain}}.$$

$$\text{Sa m}\underset{\nearrow}{\text{alle}} \text{ est enc}\underset{\nearrow}{\text{ore}} \text{ à la g}\underset{\wedge}{\text{are}}.$$

Mais les groupes non-finals à ton descendant sont aussi fréquents.

$$\text{Vous devez }\underset{\searrow}{\text{être}} \text{ fatig}\underset{\searrow}{\text{ué}}.$$

$$\text{Je suis heur}\underset{\searrow}{\text{eux}} \text{ de f}\underset{\searrow}{\text{aire}} \text{ votre connaiss}\underset{\searrow}{\text{ance}}.$$

Les énoncés impératifs et les questions adverbiales ont fréquemment un patron intonatif qui n'a pas été complètement décrit par le changement de ton sur la syllabe finale. Contrairement aux phrases déclaratives ces énoncés commencent par un ton relativement haut, de manière à créer l'impression d'un déclin tonal à travers l'énoncé. Ce n'est pas que le ton monte au début, son niveau d'attaque est déjà haut. Nous pouvons transcrire ce haut niveau initial par la flèche horizontale. (C'est le même signe que nous avons employé pour le ton plat à la fin du groupe intonatif, mais la différence d'endroit dans le groupe empêche toute ambiguïté.) Nous retranscrivons donc nos deux exemples:

Impérative: $\overrightarrow{\text{So}}$yez le bienve$\overset{\searrow}{\text{nu}}$.

Question Partielle: $\overrightarrow{\text{Où}}$ est ma$\overset{\searrow}{\text{man}}$?

6.4 L'accent d'insistance

De plus en plus fréquemment employé dans le parler français est un second phénomène accentuel, l'*accent d'insistance*. Différent de l'accent final de groupe par la forme et par la fonction, il mérite, tout de même, le nom d'accent parce que le plus souvent la proéminence prosodique qu'il donne à une seule syllabe met en valeur un mot. Dans l'énoncé *C'est* ↑*formidable* (nous marquons l'accent d'insistance par une flèche verticale devant la syllabe affectée) l'insistance sur la syllabe /fɔr/ est interprétée comme de l'emphase sur le mot *formidable*. Phonétiquement l'accent est réalisé sur la seule syllable, mais fonctionellement il tombe sur le mot intégral.

6.4.1 La localisation de l'accent d'insistance

Presque toujours, c'est une des deux premières syllabes du mot en insistance qui reçoit la proéminence. D'autres placements sont possibles, mais rares (voir Séguinot, 1976). De cette manière l'accent d'insistance est nettement séparé de l'accent final du groupe rythmique et ne se confond presque jamais avec lui. Les deux tombent sur des syllabes différentes du mot. Ainsi, comme il est souvent le cas, les deux types d'accents peuvent coexister dans le même groupe rythmique. L'accent d'insistance ne se substitue pas à l'accent final, mais s'y surajoute. Un mot final de groupe, qui est en même temps frappé d'un accent d'insistance sur une de ses syllabes initiales, retient son accent normal sur la finale. Donc notre *c'est* ↑*formidable* /se ↑fɔr mi dabl/ est atteint de deux accents de fonctions différentes sur des syllabes différentes. L'insistance met en relief expressif le mot qui le porte, et l'accent final sert à la démarcation du groupe rythmique.

6.4.2 La phonétique de l'accent d'insistance

La réalisation phonétique de l'insistance, aussi bien que sa localisation, aide à la distinguer de l'accent final. La variation dans ses paramètres prosodiques est normalement plus forte et plus brusque que celle de l'accent final. Les changements prosodiques les plus souvents associés avec l'insistance sont l'augmentation du ton ou de l'intensité. En plus, une consonne initiale de la syllabe frappée peut s'allonger, ou dans le cas d'une syllabe à voyelle initiale un coup de glotte [ʔ] peut s'introduire devant la voyelle. La première syllabe de notre exemple ˈformidable aurait donc un ton plus haut, une intensité plus forte, et un [f:] plus long que les syllabes qui l'entourent. Dans les mêmes circonstances le mot ˈincroyable aurait le même ton haut et l'intensité forte, mais au lieu de la consonne longue, il aurait la séquence initiale [ʔɛ̃]. Une petite note s'impose à ce point. Bien que ces trois variations prosodiques soient possibles, elles ne sont pas toutes nécessaires à la perception de l'accent d'insistance; une ou deux d'entre elles suffiraient.

Sur le plan physiologique l'accent d'insistance est caractérisé par l'effort expiratoire dont l'énergie se développe avec soudaineté. Cet effort s'oppose à la réalisation plus douce de l'accent final dont le mouvement tonal est plus lent, moins abrupt, et dont l'allongement vocalique contribue à l'impression de lenteur ou de douceur.

6.4.3 Fonctions de l'accent d'insistance

L'accent d'insistance a une fonction surtout expressive. C'est une mise en valeur subjective et stylistique d'une partie de l'énoncé. Et, à l'opposé de l'accent final qui est obligatoire à la fin de chaque groupe prosodique, il est facultatif. Le locuteur a toujours le choix stylistique d'insister sur un certain mot ou non. Parce que cette insistance est forcément en contraste avec les autres mots de l'énoncé, nous disons que sa fonction expressive est aussi contrastive. Ainsi, dans l'énoncé *Il faut insister sur sa beauté intrinsèque* un accent d'insistance sur ˈ*intrinsèque* met ce mot en contraste avec les autres mots voisins, surtout avec *beauté*. Bien que le sens général de l'énoncé ne soit pas changé, le poids sémantique relatif entre les différents mots est modifié. On parle maintenant de la qualité de cette beauté et non simplement de son existence.

En contrastant *intrinsèque* avec le reste de l'énoncé, nous le mettons en opposition avec tous les autres mots qui auraient pu se trouver à cette même place. Si nous insistons que cette beauté est intrinsèque, c'est une façon de dire qu'elle n'est ni extrinsèque, ni accidentelle, ni superficielle, etc. Parfois cette opposition sémantique est rendue explicite dans la phrase même, comme dans les exemples suivants empruntés à Séguinot, 1976: "non seulement comme contexte *moral*, mais comme contexte *physique* d'une façon générale..." et "J'ai suivi avec *intérêt* d'abord, puis rapidement avec *passion*..." Ces oppositions ne sont pas nécessairement limitées à deux, il peut y avoir toute une série: "les échanges *humains*, les échanges *commerciaux*, les échanges *sociaux*..."

Il arrive assez souvent que cette opposition soit centrée sur une seule syllabe des deux mots. C'est surtout vrai des préfixes. En cas de besoin on pourrait utiliser l'accent d'insistance pour distinguer nettement entre des paires comme *extérieur* et *intérieur, exporter* et *importer*. De la même façon on pourrait clairement différencier des paires comme *transcription* et *translittération, sulfate* et *sulfure*. Dans de telles circonstances nous avons toujours à faire avec l'accent d'insistance. Il s'agit toujours de souligner un mot, mais cette fois la différence phonétique entre le mot accentué et son opposé sémantique est concentrée dans une seule syllabe. Et c'est cette syllabe qui est frappée par l'insistance.

Récemment, l'accent d'insistance semble prendre une nouvelle fonction démarcative. En mettant cet accent sur la première syllabe d'un groupe intonatif le locuteur renforce la perception de la frontière entre les deux groupes. Ce style emphatique est surtout populaire parmi les annonceurs ou commentateurs à la radio et à la télévision. Par exemple, ces gens-là diraient facilement "↑Mercredi, à ↑l'Elysée, le ↑Président a ↑reçu..." Par la mise en relief au début le groupe intonatif est bien encadré entre deux accents. Contraire aux autres fonctions de l'insistance, celle-ci s'applique au groupe entier, et non seulement au mot qui le porte.

Les sons du français

Exercice 6.1

En employant le système de flèches et de soulignements décrit dans cette section, indiquez deux versions raisonnables de chacune des phrases suivantes.

Je suis ingénieur de génie chimique.

J'ai fini ça en juin dernier.

A Noël on part en Californie.

C'est pas vraiment les villes qui sont intéressantes.

La plus intéressante, c'est la nature, les parcs nationaux.

J'ai demandé une permission pour partir en avance parce que je devais arriver ici

au plus tard le treize.

J'ai dû retourner pour une question familiale, et ils en ont profité pour me prendre.

Et ensuite, il faut encore six mois ou plus pour présenter un projet.

Exercice 6.2

Par la reconnaissance des groupes rythmiques avec leurs courbes intonatives montantes et descendantes et les accents d'insistance qui y sont souvent surajoutés nous pouvons bien analyser et transcrire presque toutes les variations prosodiques qui ont une fonction linguistique. Transcrivez donc toutes les prosodies du dialogue sur la bande phonétique No. 9. Afin de simplifier la transcription des prosodies dans vos exercices, vous pouvez omettre les lignes montantes et descendantes sur la fin des groupes accentuels. Les chutes et montées en cette position sont très difficiles à entendre et la différence entre les deux n'est pas significative. Le soulignement, sans flèche, suffira pour noter la fin des groupes accentuels.

Exercice 6.3

Dans les énoncés suivants marquez par une flèche verticale les syllabes où un locuteur mettrait éventuellement un accent d'insistance. Expliquez le changement dans l'interprétation du sens de l'énoncé que cet accent apporte. (Souvent plusieurs accents sont possibles).

C'est de la comédie.

Elle est toujours aussi bête.

Ils ont des exercices écrits.

Il n'en sait rien.

Elles sont très jalouses.

Une erreur impardonnable.

Une rue absoluement indispensable.

Je préfère le Paris d'hier au Paris d'aujourd'hui.

Un café léger, sil vous plaît.

Tu prends du rouge?

Elle travaille dans l'exportation.

Ils ont adopté une politique prosoviétique.

Il est inactif depuis longtemps.

Une surprise désagréable.

Non, c'est très faisable.

Chapitre 7
La liaison

Nous avons vu que la préférence pour la syllabation ouverte est très forte en français: si forte qu'elle a préséance sur la séparation phonétique des mots. En faisant prononcer une consonne finale de mot dans une même syllabe avec une voyelle initiale du mot suivant, le français crée des syllabes à travers des frontières lexicales. Cet **enchaînement**, qui lie tous les mots à l'intérieur du même groupe prosodique, est apparent dans la syllabation du groupe *une petite amie*, /yn pə ti ta mi/. La quatrième de ses cinq syllabes est composée du /t/ final de *petite* et le /a/ initial de *amie*.

L'enchaînement est un phénomène linguistique relativement net dont la description pose peu de problèmes. Par contre, la **liaison**, qui est un cas spécial de l'enchaînement, est une caractéristique du français moins simple et plus intéressante à décrire. Elle embrasse tous les cas de l'enchaînement où la consonne enchaînée ne se prononce pas ailleurs: ni dans le mot isolé, ni en fin de groupe prosodique, ni devant une consonne suivante.

La forme masculine du mot *petit* nous offre un bon exemple de la liaison. Le groupe prosodique *un petit verre* est prononcé /ɛ̃p ti ver/. Le mot *petit*, étant devant une consonne, n'est réalisé que par les trois sons /pti/. En contraste, l'expression *un petit ami*, où *petit* se trouve devant une voyelle, est prononcée /ɛ̃p ti ta mi/. La syllabe /ta/ enchaîne les deux derniers mots, et le mot *petit* est réalisé cette fois par les quatre sons /ptit/. Nous disons que ce /t/ final du mot est une consonne de liaison.

Dans cette position devant une voyelle du même groupe prosodique le mot *petit* est phonétiquement identique à sa forme féminine, *petite*. Dans l'expression *une petite amie*, /yn pə ti ta mi/ nous voyons que la même syllabe, /ta/, enchaîne les deux mêmes mots, *petit* et *ami*. Du point de vue linguistique, pourtant, nous devons regarder ces deux enchaînements très différemment. Les mots comme *petite* n'ont qu'une seule forme à consonne finale stable, tandis que les mots tels que *petit* ont deux formes différentes en alternance: une forme à consonne finale pour la liaison, et une seconde forme sans cette consonne finale pour toutes les autres circonstances.

La liaison est une survivance de l'enchaînement consonantique de l'ancien français. A cette époque de la langue toutes les consonnes finales écrites représentaient plus ou moins fidèlement la langue orale. Dans le vers suivant, qui vient *La Chanson de Roland*, "Car de Franceis i ad asez petit," par exemple, toutes les consonnes finales écrites se prononçaient. Bientôt, pourtant, elles allaient tomber de la prononciation quand elles se trouvaient devant une consonne ou à la fin d'un groupe prosodique. Elles ne sont restées que devant une voyelle du même groupe, où l'enchaînement était assez fort pour les conserver jusqu'à aujourd'hui. Pendant le moyen âge le français a donc admis la règle phonologique: toute consonne finale de mot tombe en position devant une consonne suivante ou à la fin d'un groupe prosodique. Nous pouvons formaliser cette règle de la façon suivante:

$$C \longrightarrow \emptyset \ / \ \underline{\qquad} \ \begin{Bmatrix} \# \\ C \end{Bmatrix}$$

Les sons du français

Cette règle n'est plus vivante dans la langue contemporaine, mais le français garde toutes les alternances consonantiques qui en ont résulté, c'est à dire, la liaison.

7.1 Les consonnes latentes

En essayant d'expliquer la liaison notre première tâche est de pouvoir distinguer entre les consonnes finales qui se prononcent toujours, les *consonnes stables*, et les consonnes finales qui ne s'introduisent qu'en cas de liaison, les *consonnes latentes*. Puisqu'il n'y a aucun moyen de prédire par règle générale lesquelles des consonnes sont stables et lesquelles sont latentes, il faut marquer cette différence indépendamment pour chaque mot de la langue. Nous notons donc les consonnes latentes dans la forme phonologique du mot (c'est la forme abstraite et sous-jacente du mot qui se trouve dans le lexique, le dictionnaire linguistique où nous indiquons tous les renseignements particuliers à chaque mot). Le moyen le plus commode de noter les consonnes latentes est de les transcrire en majuscules. Une fois de plus, nous profitons des majuscules pour transcrire des unités plus abstraites que les phonèmes. Ainsi, nour représentons le mot *chef* avec sa consonne finale stable: /ʃɛf/, et le mot *chez* avec sa consonne finale latente: /ʃɛZ/. Et pour l'instant les formes phonologiques de *petite* et *petit* seront écrits /pətit/ et /pətiT/.

7.2 La règle de la liaison

Une fois les consonnes latentes bien marquées dans la transcription phonologique, nous aurons besoin de signaler la latence dans nos règles. Nous établissons donc le trait pertinent [+ ou -latent]. Avec l'aide de ce trait nous pourrions décrire la liaison en modifiant la vieille règle de l'ancien français. Nous n'aurions qu'à limiter son application aux consonnes latentes.

La Liaison:

$$C_{[+\text{latent}]} \longrightarrow \emptyset \;/\; \underline{\hspace{2cm}} \left\{ \begin{array}{c} \# \\ C \end{array} \right\}$$

Cette règle dirait que toute consonne latente est effacée en position devant une consonne ou à la fin du groupe prosodique.

Cette modification de la règle historique serait acceptable dans le sens qu'elle engendre tous les cas où la liaison a lieu. Mais elle a plusieurs désavantages. D'abord, elle ne semble pas très naturelle, parce qu'elle ne correspond pas très bien à notre façon de parler de la liaison, ni à la perspective intuitive des francophones. Nous disons que la liaison se fait quand la consonne latente est présente, et non quand elle est effacée. La liaison n'est pas sentie comme la chute d'une consonne, mais comme la réalisation d'une consonne virtuelle. Deuxièmement, sous cette règle les consonnes latentes seraient effacées beaucoup plus souvent qu'elles ne seraient réalisées. Ne préfère-t-on pas une règle qui ferait réaliser la consonne latente dans les cas où elle se prononce au lieu d'une règle qui l'efface presque partout? Cette différence dans la fréquence relative de réalisation et d'effacement est encore plus grande qu'il ne paraît parce que la consonne de liaison n'est pas toujours réalisée devant une voyelle où elle est attendue. La liaison est un phénomène variable qui ne se fait pas toujours où elle est prédite par la règle d'effacement proposée. Afin de garder notre règle en face de cette variabilité, il faudrait y ajouter une seconde partie qui ferait tomber la consonne latente facultativement quand elle se trouve devant une voyelle. Cette addition faite, notre règle de liaison aurait une première partie obligatoire qui effacerait toutes les consonnes latentes devant une consonne ou à la fin du groupe prosodique, et une seconde partie facultative qui ferait tomber ces consonnes devant une voyelle. Nous aurions donc fini par éliminer presque toutes les consonnes latentes introduites dans le lexique.

Devant une règle plus compliquée que le phénomène qu'elle décrit, peut-être devons-nous reconsidérer sa forme. En effet, nous pourrons beaucoup simplifier la règle de liaison, si nous l'invertissons. Au lieu d'effacer la consonne latente devant une autre consonne et en fin de groupe, la règle invertie l'insèrera devant une voyelle. Cette version de la règle de liaison aura la forme:

La Liaison par insertion (Règle facultative):

$$C_{[+latent]} \longrightarrow C_{[-latent]} \; / \; \underline{\hspace{2cm}} \; V$$

Cette règle facultative dit simplement qu'une consonne latente est réalisée en position devant une voyelle. Nous utilisons le trait [-latent] pour signifier que la consonne est prononcée. C'est à dire, elle perd sa latence et se prononce comme une consonne stable.

Dans cette forme la règle de liaison évite les désavantages de la première version. Elle semble se conformer à l'intuition du francophone, et en engendrant directement les réalisations des consonnes latentes, elle correspond mieux à leur fréquence. Mais c'est la possibilité de rendre compte de la variabilité de la liaison par une seule règle facultative qui est la plus importante. Il paraît que la première version de la règle, qui récapitule l'histoire de la langue, n'explique plus la grammaire de la langue moderne. La règle historique s'est invertie. Dorénavant, nous allons utiliser seulement la seconde version, la règle de liaison par insertion.

7.3 Les consonnes finales des numéraux

La prononciation des consonnes finales des numéraux *un* à *dix* présente toute une variété de formes qui démontre d'une manière efficace l'application de la règle de liaison. Et en même temps, cette application de la règle expliquera ce qui est régulier et ce qui ne l'est pas dans la prononciation de ces numéraux.

Les numéraux *un*, *deux*, et *trois* se terminent tous par une consonne latente, et ils subissent la règle de liaison sans exception. Regardez bien leurs formes dans le Tableau 7.1.

A l'opposé sont les numéraux *sept* et *neuf* qui se terminent par une consonne stable. La suite des consonnes à la fin du mot *quatre* est aussi stable. Le Tableau 7.1 montre que les consonnes finales de ces trois numéraux se prononcent en tout environnement. Le numéral *neuf*, toutefois, est prononcé /nœv/ exceptionnellement devant les mots *ans* et *heures*. Ce voisement de la consonne finale ressemble à la liaison où on ne trouve normalement que des fricatives voisées ou des occlusives non-voisées.

Les consonnes finales des numéraux *cinq* et *huit* ont des caractéristiques mixtes. Elles sont latentes, sauf en position finale de groupe, où elles se prononcent comme des consonnes stables. Autrement dit, la règle de liaison ne s'applique pas devant #. Les numéraux *six* et *dix* ont une variation similaire, mais elle diffère dans le fait que la consonne de liaison devant voyelle est /z/ et la consonne prononcée à la fin du groupe est /s/. Etant donné la préférence de la liaison pour les fricatives voisées, il est raisonnable de voir cette alternance entre /z/ et /s/ comme le voisement d'un /S/ sous-jacent lorsqu'il apparaît comme la consonne de liaison. Le Tableau 7.1 contient des exemples. La prononciation des numéraux dans les dates est variable. Parfois on les traite comme un simple cas de liaison, ([lə sẽ me], [lə trwa zɔk tɔbr]), et parfois ils se prononcent comme des chiffres independants, séparés de la forme qui suit ([lə sẽk me], [lə trwa ɔk tɔbr]). Comparez la prononciation des chiffres dans l'addition, où chaque chiffre est indépendant: [sẽk ply sœ] = 5 + 1.

7.4 La liaison comme signe de cohésion phonologique

Maintenant que nous avons pu décrire le mécanisme de la liaison dans une seule règle facultative, il nous incombe de regarder les conditions de son application variable. La règle de liaison est variable dans le sens que la liaison ne se fait pas toujours où les conditions décrites par la règle existent. Dans certains cas la consonne latente n'apparaît pas, même devant voyelle suivante, où notre règle l'exige. Par exemple, dans le groupe intonatif *un enfant adorable* on ne fait jamais de liaison entre *enfant/adorable*, bien que l'on la fasse toujours entre *un‿enfant*. (La ligature ‿ entre deux mots veut dire la liaison, et la barre / signifie son absence.)

La liaison étant une indication de la cohésion phonologique dans un syntagme, sa fonction est de marquer les suites de mots étroitement liés. Or les mots très liés sont justement ceux qui se trouvent dans le même groupe intonatif, et la frontière d'un tel groupe constitue une limite que la liaison ne peut pas franchir. La liaison ne se fait jamais entre deux groupes intonatifs. Mais l'inverse ne tient pas. Nous venons de voir (*un enfant/adorable*) qu'il peut y avoir à l'intérieur du même groupe intonatif des suites de mots insuffisamment unis pour justifier la liaison. Il nous convient de voir la règle de liaison comme obligatoire à l'intérieur d'un groupe intonatif, à l'exception de quelques structures syntactiques précises qui empêchent son application, ou qui la mettent sous le ressort du style.

Tableau 7.1

Les consonnes stables et latentes à la fin des numéraux

	Forme sous-jacente	Devant voyelle		Devant consonne		Final de groupe
un	'œN'	un homme	/œ nɔm/	un fils	/œ fis/	/œ/
deux	'døZ'	deux hommes	/dø zɔm/	deux femmes	/dø fam/	/dø/
trois	'trwaZ'	trois hommes	/trwa zɔm/	trois femmes	/trwa fam/	/trwa/
sept	'sɛt'	sept hommes	/sɛt tɔm/	sept femmes	/sɛt fam/	/sɛt/
neuf	'nœf'	neuf hommes	/nœ fɔm/	neuf femmes	/nœf fam/	/nœf/
quatre	'katr'	quatre hommes	/ka trɔm/	quatre femmes	/katr fam/	/katr/
cinq	'sɛ̃K'	cinq hommes	/sɛ̃ kɔm/	cinq femmes	/sɛ̃ fam/	/sɛ̃k/*
huit	'ɥiT'	huit hommes	/ɥi tɔm/	huit femmes	/ɥi fam/	/ɥit/*
six	'siS'	six hommes	/si zɔm/	six femmes	/si fam/	/sis/**
dix	'diS'	dix hommes	/di zɔm/	dix femmes	/di fam/	/dis/**

*Consonne stable en position finale de groupe.
**Consonne stable en position finale de groupe avec voisement renversé.

En fait, nous sommes obligés de reconnaître trois catégories de liaison. La *liaison interdite* décrit les cas comme *enfant/adorable* où une liaison virtuelle ne se fait jamais. La *liaison obligatoire* veut dire que la règle de liaison est strictement suivie, de sorte que toute consonne latente devant voyelle est prononcée. Voir *un‿enfant*. Finalement il y a la *liaison facultative*, où la consonne latente peut se prononcer ou non selon le style parlé. L'expression *pas encore* en est un bon exemple. Dans la conversation soignée on dit *pas‿encore*, et dans la conversation familière on préfère *pas/encore*. Il paraît que c'est la construction syntaxique du groupe accentuel qui détermine la catégorie de liaison.

7.4.1 La liaison interdite

La principale catégorie grammaticale qui interdit la liaison à l'interieur du groupe est le substantif singulier. Tout ce qui le suit, même si c'est un adjectif très lié par le sens, manque la liaison. Voilà pourquoi la liaison était interdite dans l'exemple *enfant/adorable*. Elle est interdite aussi dans *projet/urgent, le train/arrive,* et *appartement/à louer*. Pareillement le nom propre et les pronoms singuliers accentuables ne sont pas suivis de liaison non plus, *Jean/arrive, Paris/est énorme, chacun/a le sien, le tien/est bon*.

En plus, les pronoms indéfinis qui finissent en voyelle nasale refusent la liaison, *chacun/est parti, quelqu'un/insiste, le tien/aussi*. Et les pronoms personnels *on, ils,* et *elles* postposés n'ont pas la liaison, même devant un participe passé, *ont-ils/écrit, sont-elles/arrivées, a-t-on/un franc*. A part l'exception, *comment‿allez-vous,* les adverbes interrogatifs interdisent la liaison avec ce qui suit, *quand/arrivent-ils, combien/en a-t-il, comment/acceptes-tu*. Finalement la liaison est interdite après les conjonctions polysyllabiques, *pourtant/elle a gagné, cependant/on restera*.

Pour des raisons moins arbitraires l'accent d'insistance empêche la liaison. Cette mise en proéminence a l'effet de rompre les liens normaux entre les mots, *elle est/↑éblouissante*.

7.4.2 La liaison facultative

Dans certaines structures syntaxiques la liaison à l'intérieur du groupe accentuel se fait parfois, mais pas toujours. Sa réalisation dans ces structures dépend du style parlé. Elle se fait d'autant plus que la conversation est plus soutenue. De l'autre côté, le langage familier laisse tomber la plupart de ces liaisons facultatives en faveur des mots moins liés, plus indépendants. Plusieurs catégories grammaticales de mots rendent la règle de liaison facultative: le substantif pluriel plus adjectif ou verbe, *enfants‿adorables, mes parents‿insistent* (la combinaison de la ligature et de la barre, ‿/, désigne la liaison facultative), les pronoms indéfinis au pluriel, *plusieurs‿adorent;* nous et vous postposés; *avez-vous‿essayé, donnez-nous‿un sandwich;* le verbe, *je suis‿heureux, il faut‿écouter, il est‿en retard;* tout mot qui précède un participe passé (sauf *on, ils, elles*), *rien‿apporté, tout‿observé, vous êtes‿allé, ils ont‿eu de la chance;* et les prépositions et adverbes polysyllabiques; *depuis‿une heure, toujours‿en retard*.

Le fait que la liaison est interdite après substantif singulier et facultative après substantif pluriel offre au locuteur la possibilité, en cas de besoin, de distinguer entre le singulier et le pluriel par l'absence ou la présence de la consonne latente /Z/. *Activités intenses* sans liaison est prononcé exactement comme le singulier; avec liaison le pluriel est la seule interprétation possible.

7.4.3 La liaison obligatoire

Toute consonne latente qui se trouve à l'intérieur du groupe accentuel et qui ne fait pas partie d'un syntagme qui empêche ou limite l'application de la règle de liaison doit être prononcée. S'il n'y a pas d'exception créée par un des syntagmes nommés, la liaison est obligatoire. Les principaux syntagmes de la liaison obligatoire sont des structures étroitement liées. Ces structures sont de cinq types: 1) le substantif et les petits mots qui le précèdent (l'article dans toutes ses formes, et tous les adjectifs et adverbes qui peuvent s'insérer entre l'article et le substantif, de *bonnes‿oranges, deux‿avocats, de très‿anciens‿amis*; 2) le verbe et tous les pronoms personnels, sujets et compléments, qui s'y attachent avant ou après, *vous‿êtes, les‿ont-ils, allez-vous-en, elles‿en‿auront*; 3) les tournures présentatives *c'est* et *il est* avec le mot qui suit, *c'est‿utile, il est‿impossible, c'est‿une fille, il est‿avocat*; 4) les adverbes monosyllabiques plus l'adjectif qui suit, *très‿utile, plus‿intime, bien‿agréable* (après l'adverbe *trop*, pourtant, la liaison est facultative, *trop|intelligent*); et 5) les prépositions monosyllabiques suivies de leur complément, *dans‿une‿heure, sans‿effort, chez‿elle*. Ce que toutes ces structures ont en commun, est un mot principal accentué précédé d'un ou plusieurs mots monosyllabiques et non-accentuables. La liaison fonctionne donc comme une sorte de soudure qui unit phonologiquement ces petits mots clitiques au mot lexique dont ils dépendent.

La description de la liaison que nous venons de voir représente l'usage du langage soutenu. Pourtant la tendance actuelle de la langue française est d'employer la liaison de moins en moins souvent. Dans la conversation familière toute liaison décrite ici comme facultative devient interdite, et seules les liaisons obligatoires restent en place. Et dans le langage populaire même les liaisons dites obligatoires peuvent tomber. Il faut admettre que la liaison est un phénomène qui disparaît lentement de la langue.

Tableau 7.2

Résumé des liaisons

	NOM	VERBE	MOTS INVARIABLES	CAS SPECIAUX
OBLIGATOIRE	• les petits mots qui précèdent le substantif *de bonnes oranges* *deux‿avocats* *de très‿anciens‿amis*	• le verbe et les pronoms personnels *vous‿êtes* *les‿ont-ils* *elles‿en‿auront*	• les adverbes monosyllabiques + *très‿utile* *plus‿intime* *bien‿agréable* • les prépositions mono-syllabiques + *dans‿une heure* *sans‿effort* *chez‿elle*	• les tournures présentatives *c'est* et *il est* + *c'est‿utile de* *il est‿impossible de* *c'est‿une fille* *il est‿avocat*
FACULTATIVE	• substantif pluriel + *enfants / adorables* *mes parents / insistent* • pronom accentuable pluriel + *plusieurs / arrivent* *d'autres / aussi*	• le verbe + *je suis / heureux* *il faut / écouter* • + le participe passé *avez-vous / entendu* *je suis / allé* • nous et vous postposés + *avez-vous / essayé* *donnez-nous / un sandwich*	• les adverbes polysyllabiques + *toujours / en retard* *jamais / aimable* • les prépositions polysyllabiques + *après / un an* *depuis / une heure*	

Tableau 7.2
(suite)

	NOM	VERBE	MOTS INVARIABLES	CAS SPECIAUX
INTERDITE	● nom singulier + *enfant/adorable* *projet/urgent* *le train/arrive* *appartement/à louer* ● nom propre + *Jean/arrive* *Paris/est énorme* ● pronoms accentuables singulier + *chacun/a le sien* *le tien/est bon*	● *on, ils, et elles* postposés + *ont-ils/écrit* *a-t-on/un crayon* ● *les*, en postposé + *donnez-les/à ta fille*	● les adverbs interrogatifs + *quand/arrivent-ils* ● les conjonctions polysyllabiques + *pourtant/elle a gagné*	● l'accent d'insistance *elle est/ ↑éblouissante*

La liaison

Les sons du français

Exercice 7.1
Ecrivez la forme sous-jacente de chaque mot en indiquant les consonnes latentes par une majuscule.

       Exemple: très   'trɛZ'
                        treize   'trɛz'

vous	cerf
sain	doux
mars	dernier
les	mon
toujours	faux
après	ours
fleur	trop
elles	vraiment
fort	coq
amer	travail
je suis	il prend
il est	grand
il a	tu dors
rien	nous sommes
quand	beaucoup
net	alors
cognac	maintenant
temps	

Exercice 7.2

Transcrivez les groupes de mots en indiquant la prononciation de la consonne finale de chaque numéro.

deux amis

deux frères

un, deux, trois, quatre

cinq, six, sept

huit, neuf, dix

tous les cinq

ça fait six

Il a dix ans

Il est neuf heures

dans huit ans

Elle a neuf enfants

j'ai lu dix livres

on part le six avril

donne-moi cinq francs

Il coute huit dollars

la rue du cinq mai

nous sommes le trois octobre

Les sons du français

Exercice 7.3
Marquez la catégorie de liaison chaque fois qu'une consonne latente se trouve devant une voyelle. Indiquez la liaison interdite par la / , la liaison obligatoire par la ‿ , et la liaison facultative par les deux /̮ .

Ils sont très amis

vont-ils arriver

on a pleuré

elles écoutent

un petit enfant orphelin

c'est un bon ami

prenez-en encore

bien utile

des prix élevés

une maison immense

trop intelligent

vraiment intéressant

pas ici

plus amusant

depuis un an

dans une heure

j'y suis allé

il faut attendre

tes parents écoutent

il est ouvert

nous sommes à l'heure

ils ont compris

un mot inattendu

elles aussi

donnez-les aux enfants

c'est évident

ils sont heureux

avez-vous entendu

Louis est amusant

chacun a fini

plusieurs arrivent

un plan urgent

—94—

Chapitre 8
Le E latent

Par plusieurs de ses propriétés phonologiques le phénomène du E latent ressemble beaucoup à la liaison. Comme elle, un son latent est réalisé ou ne l'est pas selon une règle variable gouvernée par le contexte phonétique et par le niveau du style. Pareil à la consonne latente de la liaison, le E latent est une voyelle latente qui apparaît plus souvent dans le langage soutenu que dans la conversation familière. Dans les mots suivants les *e* soulignés sont des exemples du E latent: *app_e_ler, j_e_ m_e_ d_e_mand_e_, j_e_ n_e_ parl_e_rai pas, langu_e_ écrit_e_*. Selon les règles de l'orthographe le E latent est représenté par la lettre *e* sans accent et suivi d'une seule consonne non-finale.

Lorsqu'il est réalisé, ce E latent est une voyelle antérieure moyenne arrondie, symbolisée en transcription par [ə]. Bien qu'elle ait son propre symbole, cette voyelle ne se distingue pas phonétiquement des voyelles /ø/ et /œ/ (voir paragraphe 2.4). Si on tenait à trouver une différence phonétique entre [ə] et ces deux autres voyelles moyennes, on pourrait dire que le [ə] se réalise souvent avec moins d'intensité, avec moins de labialisation, et avec un lieu d'articulation moins antérieur. Pourtant, ce serait insister sur des détails phonétiques très subtils et sans importance pour la langue. En réalité ce qui distingue le E des deux autres voyelles, et de toutes les autres voyelles de la langue, est sa latence. Le [ə] réalise un E latent, qui est parfois présent et parfois absent, alors que les /ø et œ/ sont des voyelles stables, toujours prononcées où elles existent dans la forme lexicale des mots.

Le E latent est connu aussi sous les noms *E muet*, *E caduc* et *E instable*. Si j'ai choisi d'employer le terme *latent* en face de ces étiquettes déjà connues et répandues, c'est qu'il décrit mieux l'interprétation phonologique présentée ici.

8.1 Le statut phonologique du E latent

Comment traiter ce phénomène dans la phonologie est un problème épineux de longue date. La bibliographie sur ce sujet est énorme. Il est évident que [ə] n'est pas un phonème comme les autres. On peut se demander s'il est distinctif, s'il est différent des voyelles /ø et œ/, ou même s'il n'est pas une simple voyelle de soutien introduite phonétiquement pour faciliter la prononciation de certaines suites de consonnes. Les phonologues ne répondent pas tous de la même façon à ces questions. L'explication proposée ici reconnaît un E latent fonctionnellement différent des /ø et œ/ et distinctif dans le sens que sa présence ne peut pas toujours être prédite par une règle. Mais en plus, elle admet un second [ə]: une voyelle d'appui épenthétique qui est insérée non-distinctivement selon l'environnement phonétique. Comme nous avons reconnu deux phonèmes /j/ et /w/, nous reconnaissons aussi deux origines du son [ə].

8.1.1 Le ə de soutien

La langue française ne tolère pas la suite de consonnes du type KR (occlusive plus résonnante) en position finale de syllabe. Il faut qu'elle soit suivie d'une voyelle. Quand il arrive que la suite KR apparaît en fin de syllabe, la langue emploie une de trois alternatives possibles. Dans la conversation familière la résonnante tombe, laissant une seule occlusive à la fin. Donc, *arbre* est prononcé /arb/, et *table* est prononcé /tab/. La seconde alternative est moins radicale; la consonne finale est dévoisée au lieu d'être effacée entièrement. La troisième alternative, qui est préférée dans la langue soignée, est d'appuyer les consonnes KR par la voyelle [ə]. Cette insertion du [ə] de soutien peut être formalisée dans la règle suivante:

[ə] de soutien:

$$\emptyset \longrightarrow [ə] \ / \ KR \underline{} \begin{Bmatrix} \# \\ C \end{Bmatrix}$$

Selon cette règle l'expression *table de nuit* serait prononcée /ta bləd nɥi/ et aurait la forme sous-jacente 'tabl + dE + nyiT'. Le [ə] dans cette prononciation viendrait de la règle [ə] de soutien. Cette règle obligatoire nous permet de nous passer d'un E latent dans le mot *table*, parce que l'introduction du [ə] est automatique et non-distinctive. D'autres règles s'appliqueront aussi dans cette dérivation. Le E latent du mot /dE/ sera effacé par une autre règle que nous verrons bientôt. Dans le mot /nyiT/ le T latent n'étant pas réalisé par la règle de liaison, tombera. Et le /y/ deviendra [ɥ] par la règle pour la semi-vocalisation de /y/.

8.1.2 E latent

Dans beaucoup d'autres mots de la langue, pourtant, la présence du [ə] ne peut pas être prédite par l'environnement phonétique; il doit venir d'un E latent. Il y a même des paires minimales: *dehors* et *dort*, *ferais* et *frais*, *belette* et *blette*. Dans le premier membre de chaque paire on trouve souvent un [ə] dans la première syllabe. Dans *dehors* il est même obligatoire. Dans le second mot de ces paires le [ə] ne se trouve jamais. L'y introduire créerait un mot différent. Afin d'expliquer la distinction entre ces paires de mots, nous avons besoin de formes sous-jacentes avec un E latent où le [ə] est possible, 'dEɔr', 'fErɛ', et 'bElɛ' et d'autres formes sous-jacentes sans E muet où le [ə] est impossible, 'dɔr', 'frɛ' et 'blɛt'. Il faut admettre que de telles paires minimales sont rares dans la langue. En général les mots français ne se distinguent pas par la présence ou l'absence du [ə]. Cependant, ces paires minimales démontrent qu'un E latent fait partie du système phonologique français, du moins pour certains mots de la langue. Pour des raisons de simplicité dans les règles morphophonologiques (voir Chapitre 10) nous garderons le E latent comme l'origine de la plupart des [ə].

8.2 La réalisation du E latent

Dans certains contextes phonétiques les règles qui gouvernent la réalisation du E latent sont non-variables. C'est à dire qu'elles s'appliquent obligatoirement toutes les fois que les conditions exigées par la règle existent. Le locuteur n'a aucun choix, et il n'y a aucune variation stylistique. En d'autres environnements phonétiques les règles sont variables parce que l'alternance entre [ə] et zéro dépend du niveau de style parlé. Nous commencerons par les règles les plus simples, les règles non-variables.

8.2.1 Les règles non-variables

Le E latent se manifeste toujours comme [ə], quand il est suivi d'un H aspiré. *H aspiré* est un terme conventionnel pour une unité phonologique du français qui influence les sons voisins, tandis qu'il n'a aucune substance phonétique lui-même. Il se trouve au début des exemples suivants, où il est écrit par la lettre *h*: *la haine, les halles, le hameau, le hasard, le haut.* Rien n'est prononcé, mais la présence de cette unité abstraite empêche la liaison et oblige la prononciation d'un E précédent comme [ə]. Phonétiquement ces mots sont /la ɛn/, /le al/, /lə a mo/, /lə a zar/, et /lə o/. Il paraît que le vide phonétique qu'est le H aspiré fonctionne comme une consonne dans les règles phonologiques, une consonne toujours précédée d'une voyelle. Nous pouvons donc formuler la règle:

E latent devant H aspiré (E + H):
E ⟶ [ə] / _____ H

Le E latent apparaît obligatoirement comme [ə] quand il est touché de l'accent final du groupe. Parce que le E est essentiellement une voyelle inaccentuée, sa présence sous l'accentuation est peu fréquente dans la langue. Tout de même le E subit l'accent final lorsque le pronom complément *le* est transporté à la fin du groupe accentuel après un verbe à l'impératif. Ainsi *tu le donnes* devient *donne-le* /dɔn lə/, et le E final est toujours réalisé comme [ə]. Par analogie, le [ə] est obligatoire dans tous les cas où /lE/ est postposé, même s'il est suivi d'une autre syllabe et n'est plus en position accentuée. Ainsi, le [ə] doit se réaliser dans les expressions comme *dis-le-moi*. En plus, E est accentué dans les expressions *parce que* et *sur ce* quand ils sont prononcées en groupe accentuel indépendant. Par exemple, *Pourquoi es-tu en retard? Parce que!* /par skə/ et *Sur ce, ils se sont retournés* /syr sə/. Ainsi la règle:

E accentué:
E ⟶ [ə] / _____
　　　　　　　　[+accent]

La dernière règle non-variable sur le E latent décrit sa réalisation par zéro à la fin du mot. Le E qui se trouve à la fin des mots comme *elle chante* et *une syllabe* ne se prononce jamais, sauf trois exceptions: devant H aspiré, *elle hait* /ɛ lə ɛ/, en prononciation très ralentie, *C'est une syllabe* /sɛ ty nə si la bə/, et dans les mots monosyllabiques en E, comme *me, te, le*. Nous avons donc la règle E final. Elle dit que tout E latent précédé au moins d'une syllabe et à la fin du mot n'est pas réalisé.

E final:
$$E \longrightarrow \emptyset \quad / C_0 V C_0 \underline{\qquad} +$$

(où + veut dire frontière de mot, et C_0 symbolise un nombre quelconque de consonnes, même zéro)

On peut se demander, si le E final est toujours effacé, pourquoi ne pas l'éliminer carrément de la représentation phonologique? Au lieu des formes sous-jacentes comme, *elle chante* 'ɛlE ʃɑ̃tE', nous aurions 'ɛl ʃɑ̃t'. Ainsi nous pourrions omettre la règle du E final. Cette interprétation possible a le désavantage de rendre plus difficile la justification des exceptions du [ə] devant H aspiré et en prononciation exagérée, mais ce n'est pas une difficulté insurmontable. Nous gardons le E final et la règle de son effacement surtout parce qu'ils seront très utiles dans la description des différentes formes des verbes et des adjectifs. Nous aurons besoin du E latent dans la morphologie. De le garder en phonologie ne coûte rien et apporte une certaine consistance à notre analyse.

8.2.2 La règle variable

Contrairement à ce qui se passe à la fin du mot, les E latents qui se trouvent devant la syllabe accentuable du mot, sont réalisés parfois par [ə] et parfois par zéro [∅]. La réalisation de ce E facultatif dépend des sons qui l'entourent et du niveau du style. C'est une alternance particulièrement compliquée dont l'application est influencée par plusieurs facteurs. Elle s'explique par la règle variable, E non-final. Voici la règle de base:

E non-final (facultatif):
$$E \longrightarrow \emptyset \quad / \ C_f \underline{\qquad} C_i$$

(où C_f = une suite de consonnes permise à la fin d'une syllabe,
et C_i = une suite de consonnes permise au début d'une syllabe.)

Cette règle dit effectivement que tout E latent peut tomber d'une séquence de sons, chaque fois que cette chute laisserait une séquence de consonnes divisible en deux suites consonantiques permises: une suite finale de syllabe, suivie d'une suite initiale de syllabe. Dans ce cas, la première partie de la séquence (C_f) s'attache à la voyelle de la syllabe précédente, et la seconde partie (C_i) s'attache à la voyelle de la syllabe suivante. Dans les exemples suivantes le E devient ∅ même dans la conversation soignée.

appeler	/a ple/
à demain	/ad mɛ̃/
au-dessous	/od su/
portefeuille	/pɔrt fœj/
parlerons	/parl rɔ̃/

Les E latents de ces mots suivent la règle du E non-final et se réalisent par zéro, parce que leur absence laisse en place deux syllabes consécutives composées de suites de consonnes qui sont permises par les règles phonotactiques de la langue.

Cette règle du E non-final ignore les frontières du mot et s'applique à la séquence de tous les sons dans le même groupe accentuel. Et à l'intérieur des groupes accentuels, où beaucoup de sons différents se juxtaposent presque par hasard, de telles divisions en syllabes permises ne sont pas toujours possibles. Souvent le E doit être manifesté par [ə] afin de maintenir une syllabe au milieu d'une séquence et empêcher ainsi la création des suites consonantiques interdites. Par cette réalisation du [ə] la structure des syllabes restera intacte. Les groupes de mots suivants sont des exemples des cas où le [ə] est obligatoire; sa chute créerait des suites consonantiques non-permises.

cette leçon	/sɛt lə sɔ̃/
une fenêtre	/yn fə nɛ trə/
ils boivent le café	/il bwav lə ka fe/
ils attendent le train	/il za tãd lə trɛ̃/

Et pareillement, si le E se trouve dans la syllabe initiale du groupe, le [ə] est presque obligatoire, parce qu'il n'y a pas de syllabe précédente à laquelle la consonne initiale pourrait se lier. C'est toujours pour cette raison que les [ə] des groupes suivants se maintiennent toujours dans la conversation soignée.

regardez bien	/rə gar de bjɛ̃/
te souviens-tu	/tə su vjɛ̃ ty/
le père parle	/lə pɛr parl/
que penses-tu	/kə pãs ty/

Dans la conversation familière, pourtant, ce E initial tombe assez fréquemment. Le résultat est souvent une suite consonantique improbable qui ne figure pas parmi les suites trouvées au début de mots lexiques. Par exemple:

je vois	/ʒvwa/
ne dis rien	/ndi rjẽ/
refuse	/rfyz/
le pont	/lpɔ̃/

8.2.3 Facteurs dans la non-application de E non-final

La règle du E non-final affirme le principe fondamental qui gouverne l'alternance entre [ə] et [∅]. Elle décrit la tendance générale de la langue française à employer le [ə] de moins en moins. Tout de même cette règle est loin d'être toujours appliquée toutes les fois que les conditions le permettent. En tant que règle variable, elle subit l'influence de certains facteurs stylistiques et phonologiques qui empêcheront son application.

8.2.3.1 Facteur phonologique obligatoire: résonnante plus yod

Contraire à la règle du E non-final, le [ə] est obligatoire devant la suite consonantique constituée d'une résonnante plus yod (/r/ ou /l/ devant /j/). Bien que /lj/ et /rj/ existent au début des mots (*lion* et *rien*, par exemple), ils ne peuvent pas être précédés d'une consonne à l'intérieur du groupe. Dans les groupes de mots suivants le [ə] est de rigueur.

atelier	/a tə lje/
Richelieu	/ri ʃə ljø/
nous appelions	/nu za pə ljɔ̃/
nous chanterions	/nu ʃɑ̃ tə rjɔ̃/
je me demande rien	/ʒəm də mɑ̃ də rjẽ/

Il vaudrait peut-être mieux traiter ces cas comme des [ə] épenthétiques pareils aux [ə] de soutien. Le [ə] serait donc inséré par une règle comme ci-dessous.

ə *devant résonnante*

$$\emptyset \longrightarrow ə \ /C \_\_\_\_ Rj$$

(où R = résonnante quelconque, en fait *l* ou *r*)

8.2.3.2 Facteur phonologique obligatoire: ə de soutien accidental
Parfois la juxtaposition des mots à l'intérieur d'un groupe crée des suites du type KR qui demandent un [ə] de soutien. C'est ce qui se passe dans les exemples qui suivent:

        avec le beurre   /a vɛ klə bœr/
        attrape le ballon   /a tra plə ba lɔ̃/
        chaque repas   /ʃa krə pa/
        toute revue   /tu trə vy/

En principe, le [ə] pourrait tomber par la règle du E non-final, mais il serait tout de suite réinséré par la règle du [ə] de soutien.

8.2.3.3 Facteur stylistique facultatif: des séquences inhabituelles
Un facteur très important dans la non-application du E non-final est la tendance à éviter certaines séquences de consonnes inhabituelles ou difficiles articulairement pour un francophone. Même où la division en suites permises est possible, la séquence de consonnes peut être refusée dans la conversation soignée. Dans ce cas, le [ə] sert à interrompre de telles séquences dans les groupes de mots comme les suivants:

        il ne doit pas   /il nə dwa pa/
        un verre de vin   /ɛ̃ vɛr də vɛ̃/
        justement   /ʒy stə mã/
        Pierre ne travaille pas   /pjɛr nə tra vaj pa/
        toujours le même   /tu ʒur lə mɛm/

8.2.3.4 Facteur stylistique facultatif: quelques facteurs mineurs
Plusieurs autres facteurs mineurs méritent une mention ici. Dans les mots composés le [ə] se maintient plus régulièrement si le deuxième terme n'a qu'une seule syllabe. On dit normalement *garde-côte*, *porte-plume*, et *porte-clé* avec [ə]. Pourtant, dans les mots similaires, où la deuxième partie du composé a deux syllabes, *garde-côtier*, *porte-monnaie*, *porte-crayon*, la chute du [ə] est plus probable. Et les E latents sont réalisées d'autant plus facilement que le groupe accentuel est plus court. Dans la série des groupes *appartement*, *appartement vide*, et *appartement vidé* chaque [ə] est de plus en plus susceptible de tomber. Il apparaît aussi que le [ə] se manifeste plus fréquemment dans les mots moins connus par l'auditeur, pour qu'ils soient aussi reconnaissables que possible. Ainsi des mots comme *la guenon* et *tout penaud* auraient tendance à se prononcer /la gə nɔ̃/ et /tu pə no/.

8.2.4 Les E latents en séquence

Souvent la série des mots du groupe accentuel met en séquence plusieurs syllabes en E. Dans cette situation la règle du E non-final et les facteurs supplémentaires fonctionnent normalement. Le résultat est une alternance séquentielle de [ə] et zéro. Cette alternance est très régulière, mais elle peut commencer par l'une ou l'autre des deux réalisations du E. Cela dépend de ce qui précède le premier E, frontière initiale du groupe, ou consonne, ou voyelle.

La plupart du temps la séquence de syllabes en E est causée par une série de mots monosyllabes dont la seule voyelle est E. Six de ces monosyllabes appartiennent toujours au groupe verbal: *je*, *me*, *te*, *se*, *le*, *ne*. Il y en a en plus trois autres de fonctions différentes: *ce*, *de*, *que*. Lorsque ces monosyllabes se trouvent en séquence à l'initiale d'un groupe, le premier E est réalisé par [ə], et le deuxième par zéro, le troisième par [ə], le quatrième par zéro, et ainsi de suite. On prononce donc les groupes suivants selon la transcription donnée.

je ne sais pas	/ʒən se pa/
ne le faites pas	/nəl fɛt pa/
je me le demande	/ʒəm ləd mãd/
ne me le demande pas	/nəm ləd mãd pa/

Grace aux deux derniers de ces exemples, on peut voir que les polysyllabes avec E à l'initiale entrent aussi dans le jeu des alternances.

Il y a deux importantes exceptions à la tendance à commencer l'alternance par [ə]. Ce sont les suites des mots *ce que* et *je te*. Dans ces deux cas spéciaux c'est la premier E qui devient zéro. Ainsi on dit: *ce que tu penses* /skə ty pãs/ et *je te présente* /ʒtə pre zãt/.

Quand la séquence des monosyllabes en E ne commence pas le groupe accentuel, la même alternance entre [ə] et zéro a lieu. Ici, pourtant, à l'intérieur du groupe le premier élément de cette alternance est moins fixe qu'à l'initiale. La séquence commence par zéro, si la monosyllabe suit une voyelle, *vous me le demandez* /vum ləd mã de/, ou par [ə], si la monosyllabe est précédée d'une consonne, *Claire me le demande* /klɛr məl də mãd/.

8.3 Conséquences de la chute du E latent

Le fait que la tendance actuelle de la langue est de laisser tomber les E de plus en plus a certaines conséquences pour les caractéristiques phonétiques du français. On admet beaucoup plus de syllabes fermées, car chaque E latent réalisé par zéro ferme une syllabe de plus. Il paraît y avoir une lutte entre la tendance à la syllabation ouverte et la chute du E. Pour le moment, c'est la chute du E qui gagne. En même temps on admet de nouvelles suites de consonnes qu'on ne reconnaissait pas jusqu'à récemment. Beaucoup de suites consonantiques créées par la chute du E n'existaient pas avant. On entend maintenant des syllabes comme: /ʒvwa/, /ndi/, /rfy/, /lpa/, /ʃfa/, etc. Il apparaît que la tendance pour des E latents réalisés par zéro est plus forte que la tendance à refuser des suites consonantiques inhabituelles.

Exercice 8.1

Donnez la représentation phonologique sous-jacente et la transcription phonétique des expressions suivantes.

ferme tes livres

ouvre la porte

une quatre-chevaux

apporte-le là-haut

elle te hait

il achète des haricots

il faut mettre votre chambre en ordre

mettez-le sur la table

le jeu de l'amour et du hasard

Les sons du français

Exercice 8.2
Donnez la représentation phonologique et la transcription phonétique des mots et des expressions suivantes. Laissez tomber les E latents selon la règle du E non-final en tenant compte aussi des facteurs supplémentaires qui influencent la probabilité de son application. Donnez la forme phonétique normale dans la conversation soignée.

vendredi	samedi
exactement	étroitement
fermeté	lâcheté
une veste grise	une robe grise
treize passagers	quatorze passagers
nous venons	nous crevons
une squelette	un secret
vous êtes gelé	il est gelé
dix chevaux	douze chevaux
par semaine	à la semaine
coupe le pain	prends le temps
va le faire	je viens de le faire
une femme de chambre	un pot de thé
je te le demande	
tu me le refuses	
elle ne me le refuse pas	
tu feras ce que je te dis de faire	

Deuxième Partie
Les mots du français

La structure des mots

En parlant de la syllabe et du groupe accentuel nous avons dû parler aussi du mot, et nous avons vu que le mot ne joue qu'un rôle mineur dans l'organisation des énoncés. En phonologie on passe directement de la syllabe au groupe accentuel sans attacher trop d'importance au mot. Tout de même le mot est une unité essentielle dans la représentation des idées et dans la formation des phrases. Ce n'est qu'au niveau de la réalisation phonétique que l'identité des mots français se perd dans la chaîne parlée. Aux niveaux grammatical et sémantique le concept du mot est une unité indispensable. Les phrases de la langue sont composées de mots puisés du lexique (le répertoire des mots de la langue) ou de mots insérés par les règles syntaxiques. Dans cette partie du livre nous allons étudier la structure des mots du lexique.

Le mot est à la jointure de la forme et du sens. La séquence des unités phonologiques dont il est composé sert à symboliser un concept. C'est une unité de sens, mais en même temps une série de sons cohérente. Malgré ses liens étroits avec le sens, le mot n'est pas la plus petite unité qui corresponde à un sens. Nous sommes obligés de reconnaître que certains mots sont composés de plusieurs unités de sens. Ce n'est pas l'atome, mais plutôt la molécule de la sémantique. Le mot *chaud*, par exemple, est une unité de sens minimale, mais le mot *chaudière* porte évidemment deux sens: celui du mot *chaud* plus un autre. Le *-ière* n'apparaît jamais tout seul; il est toujours attaché à une autre unité. Et justement *-ière* n'est pas reconnu comme un mot du français. C'est une unité de sens, mais ce n'est pas un mot. Nous avons donc besoin de reconnaître des unités de sens plus petites que le mot, et en même temps nous devons croire que c'est la possibilité d'apparaître tout seul qui caractérise le mot. Aussi la linguistique reconnaît-elle l'existence d'une unité de sens minimale (qui n'est pas toujours pour autant un mot) et lui donne le nom **morphème** (en France on emploie aussi le terme **monème**). Et puis nous acceptons comme trait caractéristique du mot qu'il est une petite unité de sens libre.

Si le mot est souvent formé de plusieurs morphèmes, nous pouvons être certains que ces morphèmes ne se combinent pas n'importe comment. Les constituants des mots vont ensemble selon une structure, et la partie de la linguistique qui se consacre à étudier cette structure, s'appelle la **morphologie**. Cette étude se divise naturellement en deux sections: la dérivation des mots par l'affixation et la composition, et la flexion grammaticale. Dans cette deuxième partie du livre nous allons regarder de plus près ces deux subdivisions de la morphologie: la dérivation, dans le Chapitre 9, et la flexion dans les Chapitres 10 et 11.

Chapitre 9
La dérivation des mots

Une source importante de nouveaux mots dans la langue a toujours été la dérivation. Il est très commun dans les langues du monde de construire les nouveaux mots dont elles ont besoin à partir des éléments déjà disponibles. Le français n'est pas une exception. La grande majorité des mots français ont plus d'un seul morphème. Ils sont plus souvent des combinaisons de morphèmes; c'est à dire qu'ils sont des mots dérivés. Néanmoins la dérivation est avant tout un phénomène historique en français. La langue emploie fréquemment des mots qui ont été dérivés dans le passé, mais elle résiste un peu à la dérivation contemporaine. A part l'emploi fréquent de mots composés (voir paragraphe 9.4), le locuteur français se sent moins libre que les Allemands ou les Anglais, par exemple, de créer de nouveaux mots. Un Allemand construit des mots avec presque la même facilité qu'il construit des phrases. Les Français, par contre, ont recours pour la plupart à un vocabulaire déjà accepté dans la langue. Il faut qu'un mot soit dans le dictionnaire. En français c'est une lourde responsabilité que de dériver de nouveaux mots. Les procédés de la formation des mots existent toujours, mais l'attitude linguistique est de ne les utiliser que prudemment. Cette attitude date de l'âge classique, qui a voulu restreindre l'exubérance lexique de la Renaissance. Jusqu'à ce jour ce souci du bon usage freine un peu les néologismes. En partie cette restriction a été possible par la disponibilité du latin comme source de nouveaux mots. Le français n'avait pas besoin de dériver un mot que le latin avait déjà créé. Il apparaît, pourtant, que cette attitude est en train de changer. Dans le monde moderne plein de nouvelles choses et de nouvelles idées la formation de nouveaux mots est une nécessité, et la dérivation, aussi bien que l'emprunt, se pratique de plus en plus.

La dérivation est la combinaison de morphèmes de façon à créer de nouveaux mots. Il y a deux types de dérivation principaux: l'affixation et la composition. Ce premier procédé de formation par affixation se voyait dans la réunion des morphèmes *chaud* + *-ière*. D'autres exemples de la même procédé sont:

soir + *-ée* = *soirée*
rouge + *-ir* = *rougir*
social + *-isme* = *socialisme*

Tous ces mots dérivés ont une structure similaire: un morphème principal, qu'on apppelle le **radical**, suivi d'un morphème secondaire, qui porte le nom de **suffixe**. La dérivation des mots par la réunion d'un radical et d'un suffixe est très commune en français. Elle n'est pas, cependant, le seul procédé pour la formation des mots de la langue. Il y aussi la possibilité de mettre un morphème secondaire devant le radical. Cette structure de **préfixe** + radical est évidente dans les mots dérivés suivants:

dés- + *habiller* = *déshabiller*
re- + *voir* = *revoir*
pré + *historique* = *préhistorique*

Les mots du français

Il y a même la possibilité de dériver des mots par la préfixation et par la suffixation à la fois. La construction préfixe + radical + suffixe a formé les mots:

dés- + intéresse + -ment = désintéressement
en- + poison + -er = empoisonner

Le terme **affixe** est utilisé pour signifier les suffixes ou les préfixes, et les procédés de suffixation et préfixation sont donc connus aussi par le terme général **affixation**.

La dérivation de mots par composition est aussi la réunion de deux oui trois morphèmes, mais elle diffère de l'affixation par le caractère de ces morphèmes. Dans la composition les morphèmes qui constituent le nouveau mot sont eux-mêmes des mots indépendents. Les mots *porte* et *manteau*, par exemple, se réunissent pour créér le nouveau mot composé *porte-manteau*.

9.1 La suffixation

La plus productive des constructions dérivationnelles est certainement celle du radical + suffixe. Les radicaux sont nombreux, incluant presque tous les morphèmes du lexique de la langue, et ils ont un sens relativement précis. En revanche, le nombre du suffixes dans la langue est petit, et leurs significations sont souvent vagues. Fréquemment la seule force d'un suffixe est de changer la classe grammaticale du mot. Par exemple, l'adjectif *sonore* se transforme dans le substantif *sonorité* par l'addition de *-ité*, sans que le suffixe contribue grand-chose au sens du mot dérivé. Cependant le suffixe, en déterminant la classe grammaticale, détermine aussi le genre du nouveau mot.

9.1.1 Les suffixes nominaux

Les suffixes principaux qui ont comme résultat de créer un substantif dérivé peuvent être répartis en trois ensembles, selon que le radical de base est un adjectif, un verbe, ou un substantif.

En général, les substantifs dérivés des adjectifs nomment la qualité indiquée par l'adjectif en tant qu'abstraction. Il y a peu de différence de sens d'un de ces suffixes à l'autre, et le suffixe employé est déterminé arbitrairement selon le radical. Le locuteur ne choisit pas le suffixe, puisque ce choix a déjà été fait une fois pour toutes et doit être respecté. De dérivés comme *jalousité ou *blanchitude, bien que compréhensible, n'existent pas.

    A. Un adjectif est transformé en substantif

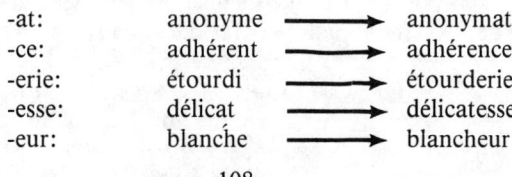

-at:	anonyme ⟶	anonymat
-ce:	adhérent ⟶	adhérence
-erie:	étourdi ⟶	étourderie
-esse:	délicat ⟶	délicatesse
-eur:	blanche ⟶	blancheur

-ie:	jalouse	⟶	jalousie
-ise:	débrouillard	⟶	débrouillardise
-isme:	chauvin	⟶	chauvinisme
-itude:	exacte	⟶	exactitude
-ité:	pauvre	⟶	pauvreté

Les substantifs dérivés des verbes se divisent en deux catégories. La fonction principale du premier groupe de ces suffixes est de désigner l'action du verbe en forme de substantif. Les six derniers suffixes créent des noms d'agent ou d'instrument. Ils nomment la personne ou la chose qui fait l'action du verbe. De même que ceux du groupe précédant, ces suffixes ne sont pas interchangeables entre eux. Chaque radical a son suffixe approprié. Il arrive parfois qu'un seul verbe accepte deux de ces suffixes: *raffinement* et *raffinage*, *barrement* et *barrage*. Dans ces cas-là on recherche une nuance de sens différent entre les deux dérivés.

B. Un verbe est transformé en substantif

-ade:	glisse	⟶	glissade
-age:	arrache	⟶	arrachage
-ée:	arrive	⟶	arrivée
-ment:	change	⟶	changement
-son:	guérit	⟶	guérison
-tion:	répare	⟶	réparation
-ure:	coiffe	⟶	coiffure
-ence:	préfère	⟶	préférence
-et, -ette:	sonne	⟶	sonnette
-eur:	chante	⟶	chanteur
-euse:	chante	⟶	chanteuse
-oir:	rase	⟶	rasoir
-teur:	réalise	⟶	réalisateur
-trice:	dessine	⟶	dessinatrice

Il existe aussi des suffixes qui transforment un substantif en un autre. La plupart de ces suffixes ont un sens collectif. Les mots ainsi dérivés désignent un ensemble des objets nommés par le radical, ou dans le cas de *-ée*, le contenu de cet objet. Le suffixe *-elet* a le sens diminutif, et *-erie* indique une action associée avec l'objet, surtout le commerce ou l'industrie de cet objet.

Les mots du français

C. Un substantif est transformé en un autre substantif

-ade:	colonne	⟶	colonnade
-age:	feuille	⟶	feuillage
-aille:	fer	⟶	ferraille
-ée:	cuiller	⟶	cuillerée
-elet, -elette:	côte	⟶	côtelette
-erie:	ciment	⟶	cimenterie
-ure:	cheveu	⟶	chevelure

9.1.2 Les suffixes adjectivaux

La majorité de ces suffixes qui transforment le radical en adjectif s'ajoutent aux substantifs. Il y a pourtant plusieurs qui sont attachés aux verbes ou aux adjectifs. Il faut noter aussi que ces adjectifs dérivés peuvent s'employer en tant que substantifs exactement comme les adjectifs simples. *Fermier, montagnard*, et *réformiste*, par exemple sont vraiment des adjectifs, bien qu'ils soient très souvent utilisés comme des substantifs pour nommer la personne qui a la qualité de l'adjectif.

Parmi les adjectifs dérivés d'un substantif nous mettons à part ceux dont le radical de base est un nom propre.

D. Un substantif est transformé en adjectif

noms communs

-able:	charité	⟶	charitable
-aire:	lune	⟶	lunaire
-al:	commune	⟶	communal
-ard:	montagne	⟶	montagnard
-el:	tradition	⟶	traditionnel
-eux:	joie	⟶	joyeux
-ier:	saison	⟶	saisonnier
-in:	cheval	⟶	chevalin
-ique	méthod	⟶	méthodique
-iste	réforme	⟶	réformiste

noms propres

-ain:	Mexique	⟶	mexicain
-ais:	Marseille	⟶	marseillais
-esque:	Molière	⟶	moliéresque
-ien:	Paris	⟶	parisien
-ois:	Suède	⟶	suédois
-an:	Perse	⟶	persan
-ique:	Islam	⟶	islamique

La dérivation des mots

Sur la liste suivante des adjectifs dérivés de base verbale les deux premiers suffixes signifient: capable de faire l'action du verbe. Les deux derniers suffixes transforment les verbes en adjectifs qui expriment le caractère de ceux qui font l'action.

E. Un verbe est transformé en adjectif

-able:	mange	⟶ mangeable
-ible:	reverse	⟶ reversible
-eux:	boîte	⟶ boiteux
-if:	craint	⟶ craintif

Les dérivations peu fréquentes d'adjectif en adjectif nuancent la qualité de la couleur indiquée par le radical.

F. Un adjectif est transformé en un autre adjectif

-âtre:	rouge	⟶ rougeâtre
-aud:	noir	⟶ noiraud

9.1.3 Les suffixes verbaux

La plus productive des désinences verbales est *-er*. Ce suffixe forme des verbes à partir de substantifs et d'adjectifs. Ainsi nous avons *bavard ⟶ bavarder, fourrage ⟶ fourrager,* et *béton ⟶ bétonner*. Dans la même conjugaison on trouve aussi les suffixes qui signifient: devenir comme (ou mettre en forme de) l'adjectif.

-éfier:	rare	⟶ raréfier
-ifier:	code	⟶ codifier
-iser:	libéral	⟶ libéraliser

Et dans le langage expressif ou populaire il y a quelques suffixes plus ou moins péjoratifs:

-ailler:	rime	⟶ rimailler
-asser:	fine	⟶ finasser
-eler:	bosse	⟶ bosseler
-oyer:	coude	⟶ coudoyer
-iller:	mordre	⟶ mordiller
-onner:	chanter	⟶ chantonner
-oter:	vivre	⟶ vivoter

La désinence *-ir* n'est guère employée pour former de nouveaux verbes. Elle est limitée aux verbes qui ont le sens: devenir comme l'adjectif. On a donc *grand*⟶*grandir*, *pâle*⟶*pâlir*; des verbes de couleur: *blanchir*, *rougir*; et quelques verbes qui se terminent en *-cir*: *durcir* et *noircir*. En plus, il y a les verbes dérivés *aterrir*, *amerrir* et *alunir*.

9.1.4 Le suffixe adverbial

Le seul suffixe pour créer des adverbes en français est *-ment*. Il s'attache à la forme féminine d'un adjectif: *fortement*, *justement*, etc. La base adjectivale est pourtant la forme masculine lorsque celle-ci se termine par une voyelle: *joliment*, *vraiment*, etc.

9.2 La préfixation

Beaucoup moins productive que l'emploi des suffixes en français, la préfixation n'a aucune fonction grammaticale. Les préfixes ajoutent un sens à celui du radical, mais ils n'ont jamais comme résultat de changer un mot d'une classe grammaticale à une autre. D'un autre côté, le sens des préfixes est souvent plus précis que celui des suffixes. Ils ont tous une connotation plus ou moins savante. Voici quelques-uns des préfixes employés aujourd'hui en français.

préfixe	base	dérivé	sens général
a-	baisser ⟶	abaisser	mouvement ou changement
a-	normal ⟶	anormal	négation ou privation
dé (des)	bloquer ⟶	débloquer	action inverse
ré- (res)	ajuster ⟶	réajuster	recommencer l'action
e-	crémer ⟶	écrémer	éloignement, changement d'état
en- (em-)	cadrer ⟶	encadrer	mettre dans
in- (im-)	filtrer ⟶	infiltrer	mettre dans
in- (im-)	personnel ⟶	impersonnel	négation
non-	agression ⟶	non-agression	négation
pré-	classique ⟶	préclassique	avant
post-	poser ⟶	postposer	après
mi-	jour ⟶	mi-jour	la moitié
semi-	consonne ⟶	semi-consonne	la moitié
demi-	douzaine ⟶	demi-douzaine	la moitié
anti-	clérical ⟶	anticlérical	contre
pro-	communiste ⟶	procommuniste	pour
ultra-	royaliste ⟶	ultraroyaliste	extrême

La dérivation des mots

préfixe	*base*	*dérivé*	*sens général*
infra-	structure	→ infrastructure	en dessous
extra-	fin	→ extra-fin	en dehors, intensif
super-	préfet	→ super-préfet	au-dessus, intensif
hyper-	marché	→ hypermarché	au-dessus, intensif
hypo-	thèse	→ hypothèse	au-dessous, insuffisance
sous-	préfet	→ sous-préfet	inférieur, insuffisance
sur-	vêtement	→ survêtement	au-dessus, l'excès
inter-	urbain	→ interurbain	entre
uni-	latéral	→ unilatéral	un seul, unique
mono-	rail	→ monorail	un seul, unique
bi-	colore	→ bicolore	deux, redoublement
mal-	heureux	→ malheureux	mauvais

9.3 La dérivation sans affixe

Il est possible de transférer un mot de sa classe grammaticale d'origine dans une autre classe sans ajouter un affixe. La nouvelle catégorie du mot n'est indiquée que par la position syntaxique dans la phrase ou, dans le cas des substantifs, par l'addition de l'article. Dans la terminologie grammaticale cette sorte de dérivation est appelée **impropre**. C'est une épithète malcommode qui suggère que ce procédé est de mauvais usage, tandis qu'en fait, il est tout à fait grammatical et acceptable. Voici quelques exemples:

nom propre	→ substantif:	silhouette, poubelle
substantif	→ adjectif:	rose, marron
substantif	→ interjection:	chapeau! diable!
pronom	→ substantif:	le moi, un petit rien
adjectif	→ substantif:	le bleu, la jolie
adjectif	→ adverbe:	parler haut
adjectif	→ interjection:	bon! terrible!
verbe (infinitif)	→ substantif:	le manger, les vivres
verbe (participe passé)	→ adjectif:	un homme inconnu
et ensuite	→ substantif:	l'inconnu
verbe (participe prés.)	→ adjectif:	un patriote résistant
et ensuite	→ substantif:	le résistant
adverbe	→ adjectif:	un homme très bien
adverbe	→ substantif:	le pourquoi, le mal
préposition	→ substantif:	le pour, le contre

Les mots du français

9.4 La composition

Une autre sorte de dérivation est la formation de mots composés. Cette **composition** est l'adjonction de deux mots indépendants et libres. Elle diffère de l'affixation par le fait que les éléments unis dans ce procédé de la composition ont chacun une existence indépendante dans le lexique de la langue. Par contre, les affixes qui entrent dans les mots dérivés n'ont pas la liberté d'exister tout seuls; ils ne se manifestent qu'en combinaison avec d'autres morphèmes. Les formes *re-*, *dés-*, *-ment*, *-eur*, par exemple, sont toujours liés à un radical. Dans les mots composés suivants, pourtant, chaque élément est un mot de son propre chef:

>pomme de terre
>salade-tomates
>chasse-neige
>avant-garde
>comme-il-faut
>moto-cross

La formation de nouveaux mots par la composition est très répandue en français moderne. A l'opposée de l'affixation guère productive la composition est surtout une source importante de substantifs. Les exemples suivants sont organisés selon les classes grammaticales des constitutants.

>*substantif + préposition + substantif*

>pomme de terre   classe de neige
>chemin de fer   pompe à chaleur
>homme d'affaires   femme à poigne
>force de frappe   boîte à musique
>coup de frein   arc-en-ciel

La préposition, qui spécifie un peu le rapport syntaxique entre les deux mots du composé, est souvent omise dans les compositions les plus récentes. Ainsi, on trouve, en dépit des puristes, la juxtaposition directe de deux substantifs. Normalement, le premier de ces substantifs nomme la chose (c'est le **déterminé**), et le second sert d'épithète qui qualifie cette chose (c'est le **déterminant**). Une *salade-tomates* est une salade, mais une salade dont la caractéristique éminente est d'être faite de tomates. On dit que *tomates* détermine *salade*. Dans de tels mots les rapports syntaxique et sémantique entre les composants ne sont pas marqués du tout, bien que ces rapports soient souvent très différents d'un mot composé à l'autre. C'est au locuteur et à l'auditeur de comprendre, par moyen du contexte et de leur connaissance du monde, comment les constituants du mot vont ensemble. Dans les exemples ci-dessous le déterminant nomme un trait qui spécifie le sens du mot composé. Le substantif simple sans cette épithète aurait un sens plus général.

Substantif + Substantif

timbre-poste	= un timbre de la poste (le rapport génitif)
homme-grenouille	= un homme qui agit comme une grenouille
station-service	= une station où on donne du service
moto-neige	= une moto qui roule sur la neige
avion-cargo	= un avion qui est un cargo (l'apposition)
point-virgule	= et point et virgule (la coordination)

Les substantifs peuvent être aussi composés d'un substantif juxtaposé à un adjectif. Le procédé de cette composition est bien illustré par un mot de ce type récemment formé. L'*espace vert* veut dire littéralement un espace qui est vert, mais il signifie en plus un aire où l'urbanisation est limitée. Cet espace doit rester vert en herbes et en arbres, parce que la construction de routes et de bâtiments y est interdite. Dans ce type de composition l'ordre des deux éléments est variable; l'adjectif qui qualifie le substantif peut être le premier ou le second constituant du composé.

Substantif + Adjectif	*Adjectif + Substantif*
coffre-fort	beaux-arts
arc-boutant	bonhomme
ours-blanc	grand-mère
procès-verbal	rond-point

Parfois le substantif de cette construction ne nomme pas la chose directement. Au contraire, l'idée exprimée par le composé entier est associée avec la chose. Un *rouge-gorge* n'est pas la gorge, mais un oiseau dont la caractéristique saillante est d'avoir la gorge rouge. Le mot composé est donc une figure de rhétorique figée.

Des composés à sens figuratif

gros-bec	long-courrier
pied-noir	chauve-souris

Un autre procédé de formation des substantifs très fréquent dans le français contemporain est le verbe à l'impératif suivi d'un substantif complément. Un tel composé désigne la chose ou la personne qui fait l'action du verbe sur le complément. Un *chasse-neige* est quelque chose qui chasse la neige.

Verbe + Substantif

porte-feuille	tire-bouchon
essuie-glace	repose-pied
passeport	gagne-pain

Les mots du français

Il y a même quelques exemples similaires de mots créés par une suite de deux verbes.

Verbe + Verbe

laissez-passer savoir-faire
laisser-faire savoir-vivre

Et la possibilité d'un adverbe ou une préposition devant un substantif existe aussi.

Adverbe + Substantif	*Préposition + Substantif*
sauf-conduit	sans-culotte
outre-mer	sans-souci
arrière-cours	après-midi
bas-relief	avant-scène

Un cas spécial de ce type de composé est un substantif qui nomme une chose ou une personne qui agit, précédé d'un adjectif (employé comme adverbe) qui indique la manière dont elle agit. Un *libre-penseur* est donc quelqu'un qui pense librement. Il y a aussi *franc-tireur, faux-monnayeur,* et *haut-parleur.*

Si ces procédés de la formation des substantifs composés sont assez vivants en français aujourd'hui, surtout dans la langue parlée, la composition des adjectifs ou des verbes est moins fréquente et ne paraît pas être très productive. Il y a pourtant quelques exemples d'adjectifs composés dans *sourd-muet, aigre-doux, nouveau-né, clair-voyant,* et des verbes composés incluent *avoir peur, avoir faim, faire part, porter plainte.*

La dérivation des mots

Exercice 9.1
Soulignez chaque morphème séparément.

durée	durable	duratif
dureté	durabilité	endurer
durement	durablement	endurance
durcir	endurcir	endurant
durcissement	endurcissement	endurable

Exercice 9.2
Soulignez chaque morphème séparément, et indiquez la classe grammaticale du radical et du dérivé.

dualitée	____	____	écossaise	____	____
ensoleiller	____	____	patinoire	____	____
francisation	____	____	embrasure	____	____
invariablement	____	____	malfaiteur	____	____
javelliser	____	____	ouvrier	____	____
photographie	____	____	permettre	____	____
maisonnée	____	____	préférence	____	____
oubliette	____	____	préconception	____	____
redoubler	____	____	refuser	____	____
écarter	____	____	naturalisation	____	____

Les mots du français

Exercice 9.3
Soulignez le suffixe de chaque mot, et notez les effets grammatical et sémantique de ce suffixe sur le mot dérivé.

familial	corbeillée
socialiste	levée
baudelairien	coiffure
arrosoir	allumette
exigence	fillette
dérapage	skieur
débrouillard	créateur
carrément	bourgeoisie
comparable	maîtrise
danseuse	actrice
protectorat	éligible
carmeliser	certitude
épicerie	verdâtre
finalité	boulanger
fixation	

Exercice 9.4
Transformez les adjectifs suivants en substantifs par l'addition d'un suffixe approprié.

familier	homonyme
grand	indigne
honnête	indépendant

Exercice 9.5
Transformez les verbes suivants en substantifs par l'addition d'un suffixe approprié.

dresser	loger
indiquer	couper
déterminer	gratter

Exercice 9.6
Transformez les substantifs suivants en d'autres substantifs par l'addition d'un suffixe approprié.

grange	chanson
linge	bête

Exercice 9.7
Transformez les substantifs suivants en adjectifs par l'addition d'un suffixe approprié.

fantaisie	honneur
hiver	honte
sexe	Grenoble

Exercice 9.8
Transformez les verbes suivants en adjectifs par l'addition d'un suffixe approprié.

définir	coûter
penser	rire

La dérivation des mots

Chapitre 10
La flexion des substantifs et des adjectifs

En français chaque substantif et chaque adjectif doit avoir un genre et un nombre. Ce sont des catégories grammaticales obligatoires signalées par la flexion. C'est à dire que des désinences de genre et de nombre s'ajoutent au radical du nom ou de l'adjectif. Le français reconnaît deux espèces de genre, le féminin et le masculin, et deux espèces de nombre, le singulier et le pluriel. La structure interne des substantifs et des adjectifs a donc trois parties: le radical suivi des marques du genre et du nombre. Elle se reduit à la formule suivante.

$$\text{Radical} + \begin{Bmatrix} \text{masc} \\ \text{fém} \end{Bmatrix} + \begin{Bmatrix} \text{sing} \\ \text{plur} \end{Bmatrix}$$

(Les accolades signifient un choix obligatoire d'un seul des éléments enclos. Ainsi il faut choisir ou le masculin ou le féminin; on ne peut pas choisir les deux dans le même mot.) Ce chapitre aura comme but de décrire les formes de ces trois parties du substantif et de l'adjectif.

10.1 Le genre

Le genre est un classement morphologique obligatoire du français. Il faut que chaque substantif appartienne ou à la catégorie féminine ou à la catégorie masculine. Pour la plupart des noms de la langue qui désignent des objets inanimés, cette imposition d'un genre fixe et arbitraire n'a rien à faire avec le sexe. *Une tasse* n'a aucun sens féminin, et *un verre* ne suggère rien du masculin. Peut-être qu'il remonte à un animisme préhistorique, mais dans la langue moderne, le genre de ces mots n'a qu'une fonction grammaticale et n'est pas souvent basé sur le sens du mot.

Les noms qui désignent des êtres humains ou certains animaux familiers possèdent **un genre naturel** ou sémantique aussi bien qu'un **genre grammatical**. Dans cette classe de substantifs le genre s'accorde avec le sexe de la personne ou de l'animal nommé. C'est le cas, par exemple, des mots *le coq* et *la poule*, *le garçon* et *la fille*, où il y a des mots distincts pour le mâle et la femelle de l'espèce. D'autres mots sont marqués par des suffixes masculins et féminins, *le vendeur* et *la vendeuse*, ou par le E latent comme morphème féminin, *le chat* et *la chatte*. Il y a même des mots où l'article est la seule marque du genre, *le concierge* et *la concierge*, *un élève* et *une élève*. Il n'est pas vrai, cependant, que tous les mots des classes humaine et animale ont un genre naturel. *Un professeur*, *un magistrat* ou *un conjoint* peut désigner ou un homme ou une femme. Normalement, *une recrue* est un homme et *un mannequin* est une femme. Il faut noter, pourtant, que la distinction entre genre naturel et genre grammatical n'est pas toujours maintenue. Le genre peut suggérer le sexe, et cette analogie est parfois exploitée par les locuteurs. Elle peut exprimer une attitude sexiste ou le refus de sexisme. Au fond, le genre grammatical de la langue n'exprime ni l'une ni l'autre de ces attitudes, mais les usagers n'en sont pas toujours conscients.

Pour les animaux peu familiers un seul genre est utilisé pour les deux sexes de l'espèce, *une girafe* ou *un rhinocèros* peut désigner un mâle ou une femelle sans distinction ouverte. Dans ces cas où le genre du substantif ne correspond pas au sexe de l'être nommé, il faut dire que le genre n'est que grammatical.

10.1.1 Le son final du mot

Dans les autres langues romanes le genre de la plupart des mots est clairement marqué par les terminaisons. En italien, par exemple, les substantifs et les adjectifs qui se terminent en *-o* ou *-i* sont masculins, et ceux à désinence finale en *-a* ou *-e* sont féminins. La grande majorité des mots italiens ont une de ces terminaisons, de sorte que le genre se manifeste dans la forme du mot. En français certaines corrélations entre terminaison et genre existent, mais elles sont beaucoup moins simples que celles de l'italien. La fin de mot français est moins nettement liée avec un genre ou l'autre.

Les liens entre forme et genre qui existent en français sont souvent décrits à partir des sons finals du mot. Une étude statistique des derniers sons faite par André Rigault (Rigault, 1968, p. 39) démontre que huit sons finals de mots indiquent le genre masculin avec une probabilité au-dessus de 90%. Ce sont:

		Exemple
/œ̃/	100,0%	parfum
/ɑ̃/	99,3%	temps
/ɛ̃/	99,0%	pain
/ø/	97,4%	feu
/o/	97,2%	chapeau
/ʒ/	94,2%	garage
/m/	91,9%	drame
/ɛ/	90,2%	fait

De l'autre côté, Rigault n'a trouvé qu'un seul son qui signalait le genre féminin avec la même probabilité. C'est:

| /z/ | 90,0% | fraise |

10.1.2 Les suffixes

Si l'on considère les deux derniers sons du mot, certaines combinaisons ont une haute corrélation avec le genre, mais c'est surtout à cause des suffixes. C'est le suffixe d'un mot dérivé qui détermine si ce mot est féminin ou masculin, et le genre de chaque suffixe est constant. Les suffixes masculins et féminins communs apparaissent dans le Tableau 10.1

La flexion des substantifs et des adjectifs

Tableau 10.1
Le genre des suffixes

Suffixes féminins		Suffixes masculins	
-ante	/ãt/	-ant	/ã/
-trice	/tris/	-teur	/tœr/
-ade	/ad/	-if	/if/
-ière	/jɛr/	-ier	/je/
-arde	/ard/	-ard	/ar/
-esse	/ɛs/	-ment	/mã/
-euse	/øz/	-eur	/œr/
-tion	/sjɔ̃/	-age	/aʒ/
-ité	/ite/	-oire	/war/
-ance	/ãs/	-isme	/ism/
-ette	/ɛt/	-or	/ɔr/
-ure	/yr/	-aux	/o/

Le but principal de cette recherche des liens entre les sons finals ou les suffixes des mots est de pouvoir prédire le genre du mot d'après sa forme phonologique. Cette prédiction éventuelle aurait une valeur pratique importante pour ceux qui étudient le français comme langue étrangère. Mais malheureusement elle restera toujours approximative, parce qu'elle n'explique pas vraiment le système du genre en français. Même les francophones ne sont pas capables de reconnaître avec certitude le genre d'un mot inconnu à partir de sa seule forme phonologique. Il faut chercher ailleurs pour comprendre le système du genre qui est encore vivant en français. Ce système est plus évident dans les substantifs à genre naturel et dans les adjectifs qualificatifs. Dans ces deux cas le mot a deux formes: une forme féminine et une forme masculine, et la différence entre elles démontre plus clairement les marques du genre.

10.1.3 Le E comme marque du genre
Le substantif à genre naturel reçoit son genre grammatical du sexe de l'être nommé, et l'adjectif, qui est un caméléon linguistique, adapte toujours son genre à celui du substantif modifié. Ces deux types de mot, l'adjectif qui fait l'accord et le substantif à genre naturel, ont en commun qu'ils varient leur forme selon le genre. Le plus souvent nous pouvons expliquer cette variation par la présence ou l'absence d'un morphème du féminin, le E latent, à la fin du radical. Ainsi, nous avons les formes *le chien* et *la chienne* 'ʃiɛN.E', ou *un pantalon gris* et *une robe grise* 'griZ.E'. Dans la théorie linguistique nous aimons dire que le masculin est représenté par le morphème zéro qui s'ajoute, lui aussi, au radical: *Un pantalon gris* 'griZ.∅'. Mais parce que le zéro n'a aucune substance, le signalement pratique du genre est un système binaire où la seule forme féminine est marquée. Malheureusement ce signalement n'est pas fait par la simple réalisation orale du E latent comme [ə]. En position final de mot

Les mots du français

le E latent n'est pas prononcé lui-même, mais sa présence fait réaliser une consonne latente précédente. Devant ce E latent le N de *chienne* et le Z de *grise* se prononcent parce qu'ils suivent la règle pour les consonnes latentes et se réalisent devant une voyelle étroitement liée. (voir la règle de liaison, paragraphe 7.2) Si le radical se termine par une voyelle comme dans le mot *bleue*, ou s'il y a une consonne stable en position finale du radical, comme dans le mot *rouge*, ce E latent du feminin ne change rien et tombe sans laisser une trace. Pour les mots de ce type les formes féminines et masculines sous-jacentes ont la même prononciation, et le genre n'est pas signalé oralement. Le Tableau 10.2 présente l'influence du E latent sur trois différentes fins de radical.

Tableau 10.2
La dérivation de la marque du genre

	Consonne latente		Fin vocalique		Consonne stable	
Orthographe	gris	grise	bleu	bleue	rouge	rouge
Représentation phonologique	griZ.∅	griZ.E	blø.∅	blø.E	ruʒ.∅	ruʒ.E
Chute du zéro	griZ		blø		ruʒ	
Consonne latente	gri	griz.E				
E final		griz		blø		ruʒ
Représentation phonétique	/gri/	/griz/	/blø/	/blø/	/ruʒ/	/ruʒ/

10.2 Le nombre

L'opposition du singulier et du pluriel, comme celle du masculin et du féminin, est obligatoire en français. La langue exige que chaque substantif ou adjectif ait un nombre grammatical. Les substantifs sont au singulier quand l'objet ou l'être désigné est perçu comme une seule unité; ils sont au pluriel lorsqu'on perçoit au moins deux unités. Le nombre est un concept à la base sémantique qui s'est transformé en règle grammaticale. Cette grammaticalisation du nombre est évident dans l'accord de l'adjectif; gouverné par le substantif, son nombre est purement grammatical.

Bien que très similaire, le nombre n'est pas tout à fait identique au genre. L'attribution du singulier ou du pluriel au substantif s'opère différemment de celle du masculin et du féminin. Nous avons vu que le genre est une classification permanente du substantif. Hors du discours chaque substantif reste toujours masculin ou féminin. Ce genre peut donc être indiqué dans le dictionnaire de la langue. On considère même les paires de noms à genre naturel (*avocat* et *avocate*) comme deux substantifs indépendants parce que le genre variable semble impropre aux substantifs. Il convient aux seuls adjectifs. Au contraire du genre, le nombre n'est pas un caractère permanent du substantif et par conséquent n'est pas noté pour les mots du dictionnaire. Il est attribué au substantif par le locuteur au moment du discours, de sorte que le même substantif est parfois au singulier et parfois au pluriel. Si l'on parle d'un seul objet on emploie le singulier, *le calendrier* par exemple, et si l'on parle de plusieurs de ces objets, on dit *les calendriers*.

La flexion des substantifs et des adjectifs

Il est vrai, pourtant, que certains noms s'emploient presque toujours au même nombre. Certaines choses n'existent qu'au singulier. Il n'y a qu'*un soleil* et *une lune*, sauf en astronomie. Et beaucoup d'abstractions sont au singulier: *la sincerité, la vérité, le bien, la gentillesse*. De l'autre côté certaines choses sont perçues comme des plurielles, et n'ont pas de forme singulière: *les noces, les funérailles, les frais, les moeurs, les environs, les lunettes*, etc. Le mot *ciseaux* est ambigu. Il peut signifier une paire de ciseaux pour couper le tissu ou plusieurs ciseaux pour tailler la pierre ou le bois.

Certaines substances ne sont pas perçues en unités, mais comme des masses, en vrac. Cette perception est caractéristique de beaucoup de comestibles: *le sucre, la viande, la farine, le beurre, le vin*. Ces substances étant non-comptables, les mots n'ont pas normalement de pluriel. Ils ont toujours la forme du singulier, mais cela est une simple servitude grammaticale. Bien que la langue demande un choix entre les deux formes, l'opposition entre le singulier et le pluriel n'existe pas parmi les mots non-comptables. *Le boeuf* peut signifier ou l'animal dans le champs (comptable) ou la viande sur la table (non-comptable), mais *les boeufs* ne peut désigner que les animaux.

Il faut ajouter qu'une forme plurielle des mots non-comptables s'emploient parfois pour exprimer l'idée des espèces de la substance ou des quantités typiques de la substance. *Deux vins de Bordeaux* veut dire deux espèces de ce vin, et *deux cafés*, commandé dans un restaurant, signifie deux tasses de café. Ces mots désignent des unités comptables de substances de masse.

10.2.1 Le Z comme marque du nombre

Le signalement du nombre des substantifs et des adjectifs ressemble beaucoup à celui du genre. Dans les deux cas il s'agit d'une terminaison en forme de son latent qui marque un seul membre de l'opposition binaire. Pour le nombre, c'est le pluriel qui est marqué par ce son latent; la consonne latente Z du pluriel se surajoute au mot tout de suite après le morphème du genre: *verts* 'verT.0.Z' et *vertes* 'verT.E.Z'. Le singulier n'est pas marqué par une forme phonologique ouverte; il est, comme on dit, représenté par le morphème zéro: *vert* 'verT.0.0' et *verte* 'verT.E.0'.

Dans la langue parlée cette opposition virtuelle entre le singulier et le pluriel des substantifs et des adjectifs n'est que rarement signalée. Le Z latent à la fin du mot a peu d'occasions d'être réalisé. La liaison entre en substantif pluriel et son adjectif suivant est facultative et reservée au style très soigné: *des oranges / espagnoles*. Seulement à la fin des adjectifs pré-nominaux peut-on entendre le Z du pluriel, s'il se trouve devant une voyelle: *grands amis, petits enfants*. Plus fréquemment la marque de nombre n'est évidente que dans le déterminant *le, la* opposés à *les; ce, cette* opposés à *ces; mon, ma* opposés à *mes*. Les substantifs et les adjectifs eux-mêmes ont la désinence Z au niveau abstrait de la représentation phonologique, mais au niveau plus concret de la phonétique cette consonne est rarement réalisée.

10.2.2 Les alternances morphologiques du nombre

Il y a certains substantifs et adjectifs dont les formes singulière et plurielle sont phonétiquement distinctes: *journal*: *journaux*, *principal*: *principaux*, *travail*: *travaux*, *oeuf*: *oeufs*. La plupart de ces paires à deux formes sont le résultat des changements phonétiques du passé. Les règles phonologiques originaires sont mortes, mais les alternances morphologiques qui en ont résulté demeurent. Par exemple, tous ces mots en -*al*: -*aux* doivent leur alternance à un changement vocalique devant /l/ suivi de la chute du L final du radical. Dans le mot *journaux* le L latent tombe devant le Z du pluriel, et nous avons la dérivation suivante: 'ʒurnaL.Z' ⟶ ʒurnoL.Z ⟶ ʒurno.Z ⟶ /ʒurno/. Nous devons regarder de plus près cette règle et d'autres de la sorte qui affectent la réalisation du genre et du nombre. Elle nous aideront à expliquer certains phénomènes très répandus, mais pas complètement généralisés dans la langue.

10.2.2.1 La vélarisation vocalique devant L

L'alternance entre -*al* /al/ et -*aux* /o/ à la fin de certains substantifs et adjectifs est conditionnée par la non-réalisation du L latent. Lorsque le L tombe devant une consonne ou devant #, la voyelle précédente est vélarisée, c'est à dire, transformée en /o/ ou /u/. Quand le L latent est réalisé devant une voyelle, il n'influence pas la voyelle qui le précède.

Historiquement ce phénomène s'explique par le fait qu'un /l/ dans la même syllabe qu'une voyelle basse précédente est devenue vélaire [ł] ([al] ⟶ [ał]) et ensuite la semi-voyelle [w] ([ał] ⟶ [aw]). La diphtongue créée par ce changement a fini par se réduire en monophtongue ([aw] ⟶ [o]). Les séquences de changement pour les trois voyelles basses de l'ancien français étaient:

al ⟶ ał ⟶ aw ⟶ o
ɛl ⟶ ɛł ⟶ ɛw ⟶ o
ɔl ⟶ ɔł ⟶ ɔw ⟶ u

Pendant tout ce temps un /l/ précédé d'une voyelle haute ou faisant partie de la syllabe suivante ne changeait pas le timbre de la voyelle précédente. Les voyelles des séquences commes les suivantes sont restées: /il/, /yl/, /a lə/, /ɛ lə/, et /ɔ lə/.

Cette alternance morphologique se décrit par l'application de deux règles en succession. La première règle, que nous devons formuler, ne fait que changer le timbre de la voyelle. Ensuite, la deuxième règle, celle des consonnes latentes déjà formulée, effacera le L latent. La première de ces deux règles vélarise les trois voyelles, /a/, /ɛ/, /ɔ/, qui se trouvent devant L latent. Ce procédé de vélarisation complète du /ɔ/ et partielle du /a/ et du /ɛ/ ne s'exprimant pas facilement en termes des traits pertinents, nous employons les phonèmes dans la formalisation de cette règle. Chaque phonème entre les lignes verticales à gauche devient le phonème trouvé dans la même position à droite.

La flexion des substantifs et des adjectifs

Vélarisation devant L

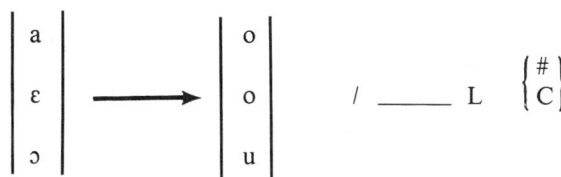

Le Tableau 10.3 montre l'emploi de la règle de vélarisation devant L dans les dérivations des mots *journaux* et *fou*.

Tableau 10.3

Les dérivations des mots journaux *et* fou

orthographe	journaux	fou
rep. phonologique	ʒurnaL.∅.Z	fɔL.∅.∅
chute du zéro	ʒurnaL.Z	fɔL
vélarisation-L	ʒurnoL.Z	fuL
consonne latente	ʒurno	fu
rep. phonétique	[ʒurno]	[fu]

Mais cette alternance n'a pas toujours lieu où existe un /l/ final dans le singulier. Cette règle est donc variable.

Certains adjectifs ne subissent pas cette alternance du tout. Les mots: *final*, *idéal*, *banal*, *fatal*, etc. ont des pluriels en /alZ/. Leurs /l/ finals sont toujours stables. Sans L latent il n'y a aucune vélarisation de la voyelle précédente.

Certains autres adjectifs, comme *nouveau*, ont un /L/ latent qui déclenche les règles de vélarisation et de consonne latente régulièrement. Ainsi, ce mot se prononce en /o/ final devant le /Z/ du pluriel, devant la consonne initiale du mot suivant, et en fin du groupe prosodique.

nouveaux	'nuvɛL.∅.Z'	/nu vo/
nouveau collègue	'nuvɛL.∅.∅' + 'kɔleg.∅.∅'	/nu vo kɔ leg/
nouveau #	'nuvɛL.∅.∅'	/nu vo/

D'un autre côté, la séquence finale reste /ɛl/ devant le E du féminin et devant une voyelle initiale du substantif suivant:

| nouvelle | 'nuvɛL.E.∅' | /nu vɛl/ |
| nouvel ami | 'nuvɛL.∅.∅' + 'ami.∅.∅' | /nu vɛ la mi/ |

Finalement il y a des adjectifs comme *brutal* où la vélarisation a lieu devant le /Z/ du pluriel mais n'a pas lieu devant une consonne initiale du mot suivant, ni à la fin du groupe. Ces adjectifs ont donc une dérivation analogue à celle des substantifs comme *journal*.

brutaux	'brytaL.∅.Z'	/bry to/
brutal collègue	'brytal.∅.∅' + 'kɔlɛg.∅.∅'	/bry tal kɔ lɛg/
brutal	'brytal.∅.∅' #	/bry tal/

Nous constatons que l'alternance n'est réalisée que devant /Z/, une désinence du mot très liée au radical. Elle n'est pas réalisée au-delà de la limite du mot lexical. Nous devons conclure que *nouveau* a un L latent dans la dérivation morphologique de ses formes et aussi dans la liaison. Par contre, *brutal* possède un L qui est latent pour la dérivation morphologique et stable pour la liaison.

10.2.2.2 La vélarisation vocalique devant J

Parallèlement à la vélarisation de la voyelle devant L, il y a un changement de timbre vocalique devant un J non-réalisé. Les séquences /ɛJ/ et /aJ/ deviennent /ø/ et /o/ dans les cas où le J tombe. Ce sont des alternances qui se trouvent dans les mots *vieilles* et *vieux*, *travail* et *travaux*. L'histoire phonétique est similaire à celle du /l/ final de syllabe. Le *l* palatal [ʎ] de l'ancien français (qui est devenu plus tard [j]) a modifié le timbre d'une voyelle basse précédente, s'il se trouvait dans la même syllabe. Bien que ces changements de timbre ne soient que les premiers pas vers la vélarisation, la règle qui les explique à la même forme que la vélarisation devant L, et nous lui donnons le même nom.

Vélarisation devant J

$$\begin{vmatrix} \varepsilon \\ a \end{vmatrix} \longrightarrow \begin{vmatrix} \o \\ o \end{vmatrix} \; / \; \underline{} \; J \; \begin{Bmatrix} \# \\ C \end{Bmatrix}$$

Cette règle s'emploie dans la dérivation de *vieux*, mais pas dans celle de *vieilles*. Voir le Tableau 10.4.

La flexion des substantifs et des adjectifs

Tableau 10.4

orthographe	vieux	vieilles
rep. phonologique	viɛJ.∅.Z	viɛJ.E.Z
chute du zéro	viɛJ.Z	
vélarisation-J	viøJ.Z	
consonne latente	viø	viɛjE
E final		viɛj
semi-vocalisation	vjø	vjɛj
rep. phonétique	[vjø]	[vjɛj]

10.2.2.3 La nasalisation

Les paires de mots comme *chien* /ʃjɛ̃/ et *chienne* /ʃjɛn/, *bon* /bɔ̃/ et *bonne* /bɔn/ montre un troisième cas où la chute d'une consonne latente change la voyelle précédente. Cette fois il s'agit de la nasalisation de la voyelle quand un /N/ latent n'est pas réalisé, et elle s'applique plus généralement à toutes les voyelles dans cette position. Les origines historiques de ce phénomène et la situation actuelle ressemblent beaucoup à la vélarisation du /L/ et du /J/. Nous avons donc une règle de nasalisation de la même forme, sauf que cette fois nous pouvons employer le trait pertinent [nasal].

Nasalisation:

$$V \longrightarrow V \quad / \_\_\_\_ \ N \ \begin{Bmatrix} \# \\ C \end{Bmatrix}$$
$$[\text{-nasal}] \qquad [\text{+nasal}]$$

Comme les deux règles précédentes la nasalisation est déterminée surtout par la non-réalisation du N.

Le Tableau 10.5 présente les dérivations de la paire de mots *le tien* et *la tienne* comme des exemples de l'application de la règle de nasalisation.

Tableau 10.5

Les dérivations de le tien *et* la tienne

orthographe	tien	tienne
rep. phonologique	tiɛN.∅.∅	tiɛN.E.∅
chute du zéro	tiɛN	tiɛN.E
nasalisation	tiẽN	
consonne latente	tiẽ	tiɛn.E
E final		tiɛn
semi-vocalisation	tjẽ	tjɛn
rep. phonétique	[tjẽ]	[tjɛn]

Toutes les voyelles de la langue française peuvent, en principe, être nasalisée par notre règle, mais en fait il n'existe que trois ou quatre voyelles nasales au niveau phonétique: /(œ̃), ɛ̃, ɑ̃, ɔ̃/. Les voyelles [+haut] doivent changer leur timbre et se conformer à la limitation phonologique que toute voyelle nasale du français est [+bas]. En réalité il n'y a que deux voyelles affectées par cet ajustement: /i/ ⟶ /ɛ̃/ (*fine* et *fin*) et /y/ ⟶ /œ̃/ ⟶ /ɛ̃/ (*brune* et *brun*). Nous pouvons décrire cet ajustement par la règle suivante:

Ajustement nasal

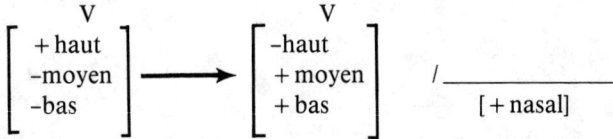

Exercice 10.1

Indiquez le genre de chaque substantif selon son suffixe.

égalité	socialisme
caisson	croisade
croisière	montage
mission	détresse
détecteur	allumette
préfecture	adjectif
directrice	moteur
chômeur	moissoneuse
fruitier	démonstration
finance	gouvernement
clochard	gouvernante

Exercice 10.2

Dérivez étape par étape chaque adjectif ou substantif de sa représentation phonologique sous-jacente à sa forme phonétique. Voir le Tableau 10.2.

heureuse

cruels

premier

allemandes

pauvre (masc.)

une petite amie

deux grosses bêtes

Les mots du français

Exercice 10.3

Dérivez étape par étape chaque adjectif ou substantif de sa représentation phonologique sous-jacente à sa forme phonétique.

finals

tribunaux

pareil

cieux

molles

un bon italien

mon ancien ami

ton nouveau copain

cheveux bruns

une belle jupe marron

Chapitre 11
La flexion verbale

Du point de vue morphologique les formes verbales sont de loin les plus nombreuses et les plus variées de toutes les classes grammaticales de la langue. La flexion du substantif et de l'adjectif que nous venons de voir signale deux genres et deux nombres, tandis que la flexion du verbe doit distinguer six personnes et huit temps, sans parler des temps composés, de l'infinitif, et des deux participes. Les huit temps simples sont le présent, le présent du subjonctif, l'imparfait, l'impératif, le futur, le conditionnel, le passé simple, et l'imparfait du subjonctif. Ce dernier temps, l'imparfait du subjonctif, est devenu archaïque et ne s'emploie plus guère. Et le passé simple est réservé à la langue écrite. En décrivant ces formes verbales notre tâche sera de mettre en évidence le système assez régulier qui est à la base des désinences et qui expriment toutes ces oppositions.

La structure interne de chaque verbe n'est pas plus complexe que celle des substantifs. Les deux structures se ressemblent même. Toutes les deux consistent en un radical suivi de deux désinences, et même certaines de ces désinences sont similaires. On y voit souvent les sons latents E et Z. La structure des formes verbales peut se résumer selon la formule suivante.

$$\text{radical} \;+\; \text{temps/mode} \;+\; \text{personne/nombre}$$

Et parallèlement à l'article qui se trouve devant le substantif, le verbe est précédé d'un pronom sujet (ou d'un nom équivalent). Ce pronom est une sorte de préfixe séparable qui s'accorde toujours avec la personne/nombre de la désinence. Ainsi, la forme verbale *je chantais* est structurée comme ci-dessous:

$$\begin{array}{ccccccc}
\text{pronom sujet} & + & \text{radical} & + & \text{temps/mode} & + & \text{personne/nombre} \\
\text{ʒE} & + & \text{ʃɑ̃t} & + & \text{e} & + & \text{Z}
\end{array}$$

Dans cette structure le temps et le mode vont ensemble parce que leurs désinences tiennent exactement la même place à la fin du radical, et, en réalité, la distinction grammaticale entre temps et mode est peu claire en français. (Désormais nous utiliserons le mot *temps* pour signifier le temps ou le mode.)

La seconde désinence du verbe représente les concepts du nombre et de la personne dans un seul morphème. On distingue six personnes, dont trois au singulier et trois au pluriel. Les terminaisons du singulier correspondent aux pronoms sujets: *je*, *tu*, *il* ou *elle* ou *on*, et celles du pluriel s'accordent avec les pronoms sujets: *nous*, *vous*, *ils* ou *elles*. Le mot *personne* aura donc le sens composé de personne et de nombre. Les désinences qui désignent ces six personnes sont plus consistantes à travers la langue qu'il n'apparaît. Au pluriel les trois personnes sont régulièrement marquées par *-ons* /ɔ̃Z/, *-ez* /eZ/, et *-ent* /ET/ pour tous les temps sauf le passé simple. Au singulier

Les mots du français

il existe deux séries de terminaisons. La série -s /Z/, -s /Z/, et -t /T/ est utilisée pour tous les verbes à l'imparfait et au conditionnel, et pour certains verbes du présent et du passé simple. La série -e /E/, -es /EZ/, et -e /E/ se trouve parmi les verbes au présent du subjonctif et parmi la plupart des verbes au présent.

Il y a une certaine complexité aussi dans les formes du radical du verbe. Ce radical peut se manifester par des alternances morphophonologiques non-distinctives. Il peut varier aussi de manière à différencier entre le présent, le passé, et le futur. Le radical du présent apparaît dans les temps du présent, du présent du subjonctif, de l'imparfait, et de l'impératif. Le radical du passé est employé dans le participe passé, le passé simple, et l'imparfait du subjonctif. Et le radical du futur marque les temps du futur et du conditionnel.

Chacun de ces temps simples (sauf l'impératif) peut se transformer en temps composé de façon à doubler le nombre des temps verbaux dans la langue. Dans les temps composés les désinences du temps et de la personne s'ajoutent, non au radical mais, à un verbe auxiliaire, *avoir* ou *être*. Cet auxiliaire conjugué est suivi du participe passé, qui est formé du radical du passé plus une terminaison. La forme composée qui correspond à l'exemple *je chantais* est *j'avais chanté*. Celui-ci a la structure:

pronom sujet	radical de l'auxiliaire	temps	personne	radical du passé	désinence du part. passé
ʒE	+ av	+ e	+ Z	+ ʃɑ̃t	+ e

11.1 Le temps du présent

11.1.1 Les désinences

Pour les verbes au présent les désinences du temps et de la personne sont relativement simples. Le morphème du temps est zéro, et par conséquent, le morphème de la personne s'attache directement à la fin du radical. C'est dans les terminaisons des trois personnes singulières que l'on trouve la seule variation. Les verbes dont l'infinitif se termine en *-er*, et plusieurs autres comme *ouvrir*, *offrir*, et *cueillir*, se servent de la série /E, EZ, E/ pour marquer ces trois personnes. Les autres verbes préfèrent la série /Z, Z, T/. Le paradigme des verbes au présent est le suivant.

nous	+	radical.ɔ̃Z
vous	+	radical.eZ
ils, elles	+	radical.ET
je	+	radical.E (ou radical.Z)
tu	+	radical.EZ (ou radical.Z)
il, elle, on	+	radical.E (ou radical.T)

La flexion verbale

Dans cette conjugaison les formes du pluriel précèdent celles du singulier afin de mettre la forme de la troisième personne du pluriel à côté de celles du singulier, avec lesquelles elle a plusieurs traits communs. Cette similarité sera plus évidente en d'autres paradigmes.

La différence dans les formes phonétiques de ces deux séries de terminaisons au singulier a d'importantes conséquences, les voyelles latentes de la première série et la consonne latente de la seconde ont des influences opposées sur le radical. Une consonne finale du radical est toujours réalisée devant les désinences vocaliques. Nous pouvons traiter ces consonnes comme des consonnes stables. Par contre, une consonne finale du radical est souvent supprimée devant la terminaison consonantique. De telles consonnes sont évidemment latentes puisqu'elles sont prononcées devant les terminaisons vocaliques du pluriel. La réalisation de la consonne latente devant les voyelles du pluriel et sa non-réalisation devant les consonnes du singulier créent une alternance fréquente parmi les verbes comme *partir*. Sa conjugaison au présent a les six formes sous-jacentes et phonétiques suivantes.

nous partons	nuZ	parT.ɔ̃Z	/nu partɔ̃/
vous partez	vuZ	parT.eZ	/vu parte/
ils partent	ilZ	parT.ET	/il part/
je pars	ʒE	parT.Z	/ʒə par/
tu pars	ty	parT.Z	/ty par/
elle part	ɛlE	parT.T	/ɛl par/

D'autres verbes de ce type incluent: *sortir, dormir, vivre, mettre, vendre, lire*, et le verbe *dire* est semblable, seule la forme *vous dites* est différente.

Le verbe *parler*, qui a la série des terminaisons vocaliques au présent, manque cette alternance parce que sa consonne finale est toujours réalisée. Il se conjugue ainsi:

nous parlons	nuZ	parl.ɔ̃Z	/nu parlɔ̃/
vous parlez	vuZ	parl.eZ	/vu parle/
ils parlent	ilZ	parl.ET	/il parl/
je parle	ʒE	parl.E	/ʒə parl/
tu parles	ty	parl.EZ	/ty parl/
elle parle	ɛlE	parl.E	/ɛl parl/

Les mots du français

Les verbes *ouvrir*, *offrir*, et *cueillir*, et d'autres à radical se terminant en résonnante, ont tendance à garder cette consonne à travers les six formes de la conjugaison. Il apparaît que les résonnantes deviennent latentes moins facilement que les obstruantes. La langue écrite a reconnu le manque de latence à la fin de ces radicaux en écrivant leurs désinences singulières comme -e, -es, -e. Normalement les désinences singulières des verbes à l'infinitif en -ir s'écrivent -s, -s, -t. Il est difficile de savoir laquelle des deux séries de désinences au singulier doit être supposée dans la forme sous-jacente de ces verbes. Sans autres critères pour décider, nous suivons l'orthographe.

nous ouvrons	nuZ	uvr.ɔ̃Z	/nu zu vrɔ̃/
vous ouvrez	vuZ	uvr.eZ	/vu zu vre/
ils ouvrent	ilZ	uvr.ET	/il zu vrə/
j'ouvre	ʒE	uvr.E	/ʒu vrə/
tu ouvres	ty	uvr.EZ	/ty u vrə/
elle ouvre	ɛlE	uvr.E	/ɛ lu vrə/

Le choix de la série étant arbitraire pour chaque verbe, il faut le noter dans la forme sous-jacente de l'entrée lexicale. Nous le faisons en ajoutant un E ou un Z entre parenthèses après le radical: 'uvr' (E), 'parl' (E), 'part' (Z).

Un autre cas où l'infinitif ne prédit pas les formes du temps présent peut se voir dans les verbes en -*ir* qui se conjuguent comme *finir*. La description traditionnel de ces verbes fait insérer un infixe -iss- /is/ entre le radical et la flexion de la personne: *fin* + *iss* + *ons*. Il est plus simple et plus explicatif de voir le *iss* comme partie du radical du présent: *finiss*- 'finiS'. Ce radical se comporte alors exactement comme les autres à final en consonne latente. Voici la conjugaison de *finir*:

nous finissons	nuZ	finiS.ɔ̃Z	/nu fi ni sɔ̃/
vous finissez	vuZ	finiS.eZ	/vu fi ni se/
ils finissent	ilZ	finiS.ET	/il fi nis/
je finis	ʒE	finiS.Z	/ʒə fi ni/
tu finis	ty	finiS.Z	/ty fi ni/
elle finit	ɛlE	finiS.T	/ɛl fi ni/

La flexion verbale

11.1.2 L'alternance vocalique des radicaux

Les terminaisons de personne en consonnes latentes n'expliquent pas toutes les variations dans les radicaux du présent. Il existe aussi une alternance vocalique. Certains verbes dits irréguliers ont telle voyelle devant les désinences /ɔ̃Z/ et /eZ/, et une autre voyelle devant les désinences en sons latents. Cette alternance est illustrée dans la conjugaison de *espérer*:

nous espérons	nuZ	ɛsper.ɔ̃Z	/nu zɛ spe rɔ̃/
vous espérez	vuZ	ɛsper.eZ	/vu zɛ spe re/
ils espèrent	ilZ	ɛsper.ET	/il zɛ spɛr/
j'espère	ʒE	ɛsper.E	/ʒɛ spɛr/
tu espères	ty	ɛsper.EZ	/ty ɛ spɛr/
elle espère	ɛlE	ɛsper.E	/ɛ lɛ spɛr/

Arbitrairement la voyelle qui apparaît devant /ɔ̃Z/ et /eZ/ est utilisée comme la voyelle de base, et une règle change cette voyelle, chaque fois qu'elle se trouve devant une des autres désinences. Cette règle a la forme suivante:

Alternance vocalique du radical

$$V_1 \longrightarrow V_2 \quad / \underline{\qquad} (C_0) \, [+ \text{ latent}]$$

Cette règle dit que la première voyelle est remplacée par la seconde dans l'environnement d'un son latent suivant. Une ou plusieurs consonnes peuvent apparaître facultativement entre la voyelle et le son latent. Par contre, une voyelle qui se trouverait devant ce son latent empêcherait l'application de cette règle. Ainsi les désinences /E, EZ, ET, Z, ou T/ remplissent les conditions pour la règle, mais /ɔ̃Z et eZ/ ne les remplissent pas. Les voyelles de l'alternance ne sont pas spécifiées par la règle parce qu'il est impossible de déterminer par règle quel changement vocalique aura lieu. Ce changement doit être noté dans le lexique avec le radical du présent. Dans cette entrée lexicale nous indiquerons les voyelles 1 et 2 de chaque verbe en les mettant entre parenthèses liées par une flèche à deux têtes. Ces parenthèses suivent le radical directement et précèdent celles qui entourent la terminaison du présent. Donc L'entrée lexicale pour le verbe *espérer* aura la forme 'ɛsper' (e ⟷ ɛ) (E).

Les mots du français

La flèche qui va dans deux sens (⟷) signifie que cette alternance ne reflète pas un changement phonologique. C'est une alternance morphologique dont la direction du changement est arbitraire. Notre règle aurait pu être écrite avec l'autre voyelle comme base. De telles règles sont appelées dans la terminologie technique des **règles via**.

D'autres verbes qui ont la même alternance que *espérer* incluent *préférer*, *céder*, *célébrer*, et *révéler*. Les verbes *acheter*, *jeter*, *geler*, et *appeler* ont l'alternance (E⟷ɛ). *Acquérir* (e⟷ie) et *mourir* (u⟷œ) montrent d'autres alternances vocaliques possibles.

11.1.3 L'alternance vocalique plus consonne latente

L'alternance vocalique du radical et la réalisation d'une consonne latente à la fin du radical sont deux phénomènes indépendants. Elles peuvent donc coexister dans le même verbe. C'est exactement ce qu'on trouve dans la plupart des verbes considérés irréguliers. *Devoir* en est un bon exemple. Son radical montre une alternance entre /E/ et /wa/, et se termine en /V/ latent. L'entrée lexicale du radical du présent a donc la forme 'dEV' (E⟷wa) (Z), et la conjugaison qui en dérive est la suivante.

nous devons	nuZ	dEV.ɔ̃Z	/nud vɔ̃/
vous devez	vuZ	dEV.eZ	/vud ve/
ils doivent	ilZ	dEV.ET	/il dwav/
je dois	ʒE	dEV.Z	/ʒə dwa/
tu dois	ty	dEV.Z	/ty dwa/
elle doit	ɛlE	dEV.T	/ɛl dwa/

Ici la consonne latente reste devant les désinences vocaliques du pluriel et tombe devant les désinences consonantiques du singulier. En même temps, l'alternance vocalique transforme le /E/ sous-jacent du radical 'dEV' en /wa/ dans les quatre dernières de ces formes.

D'autres verbes où l'on trouve la consonne latente et les voyelles en alternance incluent:

vouloir	'vuL'	(u⟷œ)(Z)
pouvoir	'puV'	(u⟷œ)(Z)
boire	'byV'	(y⟷wa)(Z)
recevoir	'rEsEV'	(E⟷wa)(Z)
venir	'vEN'	(E⟷iɛ)(Z)

La flexion verbale

Quatre autres verbes montrent les deux mêmes phénomènes, à l'exception de la forme qui s'accorde avec *ils*.

prendre	'prEN'	(E ⟷ a)(Z),	sauf /il prɛn/
savoir	'saV'	(a ⟷ ɛ)(Z),	sauf /il sav/
asseoir	'aseJ'	(e ⟷ ie)(Z),	sauf /il za sej/
haïr	'HaiS'	(ai ⟷ ɛ)(Z),	sauf /il a is/

L'irrégularité de *ils prennent* est l'occurrence de la voyelle /ɛ/ au lieu du /a/ attendu. Les trois derniers verbes de cette liste gardent la voyelle de base (V_1) dans la troisième personne du pluriel où V_2 devrait apparaître.

11.1.4 Le yod épenthétique

Il y a un certain nombre de verbes tels que *voir* et *essayer* qui possèdent un [j] entre le radical et les terminaisons /ɔ̃Z/ et /eZ/, mais pas dans les quatre autres formes du verbe.

nous voyons	/nu vwa jɔ̃/
vous voyez	/vu vwa je/
ils voient	/il vwa/
je vois	/ʒə vwa/
tu vois	/ty vwa/
elle voit	/ɛl vwa/
nous essayons	/nu zɛ sɛ jɔ̃/
vous essayez	/vu zɛ sɛ je/
ils essaient	/il zɛ sɛ/
j'essaie	/ʒɛ sɛ/
tu essaies	/ty ɛ sɛ/
elle essaie	/ɛ lɛ sɛ/

Les mots du français

Evidemment ce [j] n'est pas une consonne stable, mais il n'est pas une consonne latente non plus; il n'apparaît pas dans la troisième personne du pluriel où l'on trouverait une consonne latente. Et il n'apparaît pas dans les formes du futur où les consonnes latentes sont toujours réalisées. Ce [j] doit être quelque chose d'autre.

Il arrive que tous les verbes qui connaissent ce phénomène ont des radicaux qui se terminent en /i/, /wa/, ou /ɛ/. L'explication la plus simple des verbes en /i/ tels que *essuyer* est de traiter ce [j] comme la prononciation normale de /i/ devant une seconde voyelle, c'est à dire [ij]. De ce point de vue *essuyer* est pareil à *étudier*.

nous essuyons	/nu zɛ sɥi jɔ̃/
vous essuyez	/vu zɛ sɥi je/
nous étudions	/nu ze ty di jɔ̃/
vous étudiez	/vu ze ty di je/

Cette analyse est renforcée par le fait que le [j] est prononcé dans les formes du futur aussi. Dans ce temps le /i/ se trouve toujours devant une voyelle.

Les verbes en /wa/ et /ɛ/ demandent une solution différente. Nous sommes obligés de postuler une règle qui insère le [j] entre /wa/ ou /ɛ/ et la voyelle suivante. Nous le considérons comme une semi-voyelle de transition phonétique. Il apparaît entre ces deux voyelles ouvertes et une voyelle quelconque suivante. Ainsi:

Le yod épenthétique

$$\emptyset \longrightarrow j \ / \ \begin{Bmatrix} \varepsilon \\ wa \end{Bmatrix} \ \underline{\quad} \ V$$

Cette règle ne s'applique pas aux autres voyelles, ce qui laisse le verbe *créer* sans yod épenthétique:

nous créons	/nu kre ɔ̃/
vous créez	/vu kre e/

Ensemble les règles morphophonologiques de l'alternance vocalique, la consonne latente, et le yod épenthétique, suivies de toutes les règles phonologiques:

nasalisation, vélarisation, semi-vocalisation, E non-final, etc., expliquent la grande majorité des verbes dits irréguliers. Ces verbes ne sont pas idiosyncratiques. Puisque leurs formes variées ont toutes été produites par les trois mêmes règles, nous devons dire qu'ils constituent un sous-ensemble du système verbal. Au lieu d'être irréguliers ces verbes appartiennent à une subrégularité. A part les formes verbales isolée déjà mentionnées (*ils prennent, ils asseyent, ils haïssent, ils savent,* et *vous dites*) les seuls verbes vraiment irréguliers dans le temps du présent, parce qu'ils échappent à ces trois règles, sont *avoir, être, aller,* et *faire*.

11.1.5 Le participe présent

Ce participe est sûrement la forme verbale la plus régulière de la langue. Elle est formée du radical du présent plus la terminaison *-ant* /ã/: *allant, prenant, écrivant, disant, voulant*. Les seuls participes présents irréguliers sont *ayant* et *sachant*.

11.2 Le présent du subjonctif

Le présent du subjonctif est formé du radical du présent suivi du morphème du temps /E/ plus le morphème de personne. Les terminaisons de personne sont identiques à celles du présent de l'indicatif. La seule différence est que pour tous les verbes de la langue les personnes du singulier sont marquées par la série /E, EZ, E/. La série en consonnes latentes /Z, Z, T/ n'apparaît jamais dans le subjonctif. Alors, le paradigme des verbes au présent du subjonctif est le suivant.

nous	+ radical.E.ɔ̃Z
vous	+ radical.E.eZ
ils, elles	+ radical.E.ET
je	+ radical.E.E
tu	+ radical.E.EZ
il, elle, on	+ radical.E.E

Cette formule de formes sous-jacentes nous donne les formes superficielles des quatre dernières personnes par la simple application des règles phonologiques déjà connues. Les formes du verbe *partir*, par exemple, *ils partent, je parte, tu partes*, et *il parte* se dérivent sans autres règles que celles de la consonne latente et du E final. Puisque le radical est toujours suivi d'une voyelle, le E du subjonctif, les consonnes latentes sont toujours réalisées. Les deux autres personnes du verbe sont un peu différentes. Les formes *nous partions* /nu par tjɔ̃/ et *vous partiez* /vu par tje/ démontrent que le E est ici réalisé par [j]. Nous avons besoin d'une nouvelle règle afin d'expliquer cette réalisation. Les règles du E latent que nous avons déjà formulées ne peuvent pas en rendre compte. Du point de vue phonétique la transformation d'une voyelle

Les mots du français

antérieure en [j], quand elle se trouve devant une autre voyelle, est assez naturelle. Le problème c'est que ce changement semble limité à ce seul morphème du subjonctif; il n'est pas général dans la langue comme la règle de la semi-vocalisation des voyelles hautes est générale. Nous supposons donc une règle morphophonologique (une règle phonologique dont l'application est restreinte à certains morphèmes):

Semi-vocalisation du E:

$$E \longrightarrow [j] \ / \ \underline{\qquad} \left\{ \begin{matrix} \tilde{o}Z \\ eZ \end{matrix} \right\}$$

En utilisant cette règle nous pouvons expliquer maintenant les formes *nous partions* et *vous partiez*.

	nuZ parT.E.ɔ̃Z	vuʃ parT.E.eZ
consonne latente	nu part.E.ɔ̃	vu part.E.e
semi-vocalisation	nu part jɔ̃	vu part je
	/nu par tjɔ̃/	/vu par tje/

Nous sommes obligés de reconnaître que plusieurs verbes sont irréguliers dans le subjonctif. Ces verbes, très fréquents dans la parole, ont des radicaux spéciaux qui remplacent les radicaux du présent. Pour les verbes *faire*, *pouvoir*, *savoir*, *être*, et *avoir* le radical du subjonctif est le même dans toutes les six personnes du temps. Mais pour les trois verbes *aller*, *vouloir*, et *valoir* ce radical spécial est limité aux quatre personnes à désinence latente; le radical normal du présent reste dans les formes qui se terminent en /ɔ̃Z/ et /eZ/. Voir le Tableau 11.1.

Tableau 11.1

Les radicaux irréguliers du subjonctif

	radical du présent	radical du subjonctif	première personne du singulièr		première personne du pluriel	
faire	fEZ	fas	fasse	/fas/	fassions	/fa sjɔ̃/
pouvoir	puV	pɥis	puisse	/pɥis/	puissions	/pɥi sjɔ̃/
savoir	saV	saʃ	sache	/saʃ/	sachions	/sa ʃjɔ̃/
être	et	swa	sois	/swa/	soyons	/swa jɔ̃/
avoir	av	ɛ	aie	/ɛ/	ayons	/ɛ jɔ̃/
aller	al	aj	aille	/aj/	allions	/a ljɔ̃/
vouloir	vuL	vœj	veuille	/vœj/	voulions	/vu ljɔ̃/
valoir	val	vaj	vaille	/vaj/	valions	/va ljɔ̃/

11.3 L'imparfait

Bien que ce temps soit sémantiquement un temps du passé, ses formes se dérivent directement du radical du présent. C'est, en plus, un temps aux formes très régulières sans alternances ou autres changements dans le radical. Le morphème de l'imparfait est la voyelle /e/. Les morphèmes des trois personnes du pluriel sont toujours les mêmes /ɔ̃Z, eZ, ET/, et au singulier tous les verbes de ce temps se servent des désinences /Z, Z, T/. Le morphème de l'imparfait étant une voyelle, le radical est toujours suivi d'une voyelle, et les consonnes latentes qui se trouveraient à la fin de ce radical sont toujours réalisées. Puisque l'accent lexical final tombe toujours sur la terminaison et jamais sur le radical, il n'y a aucune alternance vocalique non plus. Il faut noter pourtant que la désinence /e/ devient [j] devant /ɔ̃/ et /eZ/, exactement comme le E du subjonctif. Nous devons donc élargir la règle morphophonologique de semi-vocalisation afin d'inclure le /e/ aussi. Ainsi la règle:

Semi-vocalisation des /E/ et /e/:

$$\begin{Bmatrix} E \\ e \end{Bmatrix} \longrightarrow [j] \ / \ \underline{} \ \begin{Bmatrix} \tilde{\mathfrak{z}}Z \\ eZ \end{Bmatrix}$$

L'application très restreinte de cette règle est un peu gênante, mais elle semble expliquer les faits de la langue. Elle nous permet de garder des morphèmes uniformes pour toutes les personnes des temps du subjonctif et de l'imparfait, et le changement réalisé est une assimilation phonétique assez naturelle. Le verbe *aller*, irrégulier dans beaucoup d'autres temps, nous servira d'exemple de la conjugaison de l'imparfait.

nous allions	nuZ	al.e.ɔ̃Z	/nu za ljɔ̃/
vous alliez	vuZ	al.e.eZ	/vu za lje/
ils allaient	ilZ	al.e.ET	/il za le/
j'allais	ʒE	al.e.Z	/ʒa le/
tu allais	ty	al.e.Z	/ty a le/
elle allait	ɛlE	al.e.T	/ɛ la le/

11.4 Le futur et le conditionnel

Historiquement, ces deux temps sont une création du latin parlé. A cette étape de la langue on a commencé à exprimer les temps du futur et du futur passé en ajoutant les diverses formes du verbe *habeo* (*avoir*) à l'infinitif. Ainsi la tradition grammaticale garde l'infinitif comme la forme de base du futur et du conditionnel. Malheureuse-

Les mots du français

ment les caprices de l'histoire phonologique et morphologique ont souvent réduit ou éliminé la similarité originelle entre l'infinitif et les deux temps dérivatifs. Il est maintenant nécessaire de reconnaître un radical du futur (employé aussi par le conditionnel) indépendant de l'infinitif, et distinct du radical du présent aussi. Malgré notre préférence de linguiste pour une régularité plus grande, il faut admettre que toutes les formes du même verbe ne sont pas toujours dérivées de la même représentation sous-jacente. Nous ajoutons donc à l'entrée lexicale de chaque verbe une indication du radical du futur.

Typiquement les radicaux du futur se terminent en /Er, ir, war, r/. Au fond c'est le /r/ qui est la véritable marque du futur. Le Tableau 11.2 présente les radicaux du futur de quelques verbes représentatifs.Certains de ces radicaux ont une similarité avec l'infinitif ou avec le présent et d'autres sont très différents. Les consonnes latentes du présent se trouvent ici à l'intérieur du radical et doivent être considérées comme stables. S'il y a une alternance vocalique dans le radical du présent c'est normalement la voyelle 2 (celle qui apparaît devant les terminaisons latentes) qui apparaît dans le radical du futur.

En prenant le radical du futur on dérive le temps futur et le temps conditionnel par l'addition des deux désinences usuelles: le morphème de temps et celui de la personne. Le futur utilise le même morphème de temps que le présent, c'est à dire zéro, tandis que le conditionnel emploie le morphème /e/ de l'imparfait. Les signes de la personne du conditionnel et de l'imparfait sont identiques dans tous les cas. La seule différence de forme entre ces deux temps est dans le radical; les désinences sont les mêmes. Les marques de la personne du futur, pourtant, sont uniques à ce temps. Seules les désinences /ɔ̃Z/ et /eZ/ du pluriel sont familières. Les quatre autres désinences sont -ont /ɔ̃T/, -ai /e/, -as /aZ/, et -a /a/. Voici le paradigme du futur et du conditionnel pour le verbe *être*:

		futur	
nous serons	nuZ	sEr.ɔ̃Z	/nu srɔ̃/
vous serez	vuZ	sEr.eZ	/vu sre/
ils seront	ilZ	sEr.ɔ̃T	/il srɔ̃/
je serai	ʒE	sEr.e	/ʒə sre/
tu seras	ty	sEr.aZ	/ty sra/
elle sera	ɛlE	sEr.a	/ɛl sra/

Tableau 11.2

Quelques radicaux du futur

L'infinitif écrit	radical du présent	radical du futur
parler	parl	parlEr
partir	parT	partir
rendre	rãD	rãdr
recevoir	rEsEV(E ⟷ wa)	rEsEvr
finir	finiS	finir
jeter	ʒEt (E ⟷ ɛ)	ʒɛtEr
espérer	esper (e ⟷ ɛ)	ɛsperEr
couvrir	kuvr	kuvrir
mourir	mur (u ⟷ œ)	mur
savoir	saV (a ⟷ ɛ)	sɔr
pouvoir	puV (u ⟷ œ)	pur
dire	diZ	dir
avoir	av (irrégulier)	ɔr
être	et (irrégulier)	sEr
aller	al (irrégulier)	ir
faire	fEZ (irrégulier)	fEr
venir	vEN (E ⟷ ie)	viẽdr
essayer	esɛ (j)	esɛr

Les mots du français

		conditionnel	
nous serions	nuZ	sEr.e.ɔ̃Z	/nu sə rjɔ̃/
vous seriez	vuZ	sEr.e.eZ	/vu sə rje/
ils seraient	ilZ	sEr.e.ET	/il sre/
je serais	ʒE	sEr.e.Z	/ʒə sre/
tu serais	ty	sEr.e.Z	/ty sre/
elle serait	ɛlE	sEr.e.T	/ɛl sre/

11.5 Les formes du passé

Le radical du passé apparaît dans trois temps du verbe: le participe passé, le passé simple, et l'imparfait du subjonctif. De ces trois temps, seul le participe passé s'emploie régulièrement dans la langue parlée. Le passé simple est commun dans la langue écrite, mais l'imparfait du subjonctif est devenu très rare. Nous limiterons l'explication ici à ces deux temps encore usités, le participe passé et le passé simple. Le radical du passé démontre parfois des similarités avec le radical du présent, mais le grand nombre de ces radicaux différents rend difficile la dérivation du passé à partir du présent. Ainsi le radical du passé doit s'inclure indépendamment dans l'entrée lexicale de chaque verbe.

11.5.1 Le participe passé

Contraire aux formes verbales que nous avons vues jusqu'ici, le participe passé n'a qu'une seule désinence; la personne n'y est pas marquée. (En tant que forme adjectivale, le participe prendra des signes du genre et du nombre, mais ceux-ci n'entrent pas dans la morphologie du participe. Ils s'ajoutent, comme à n'importe quel adjectif, après que le participe est déjà formé du radical du passé et de la désinence du participe.)

Cette désinence du participe passé a plusieurs réalisations différentes selon le verbe. Elle se réalise le plus fréquemment par les voyelles /e/ ou /i/. Devant /e/, et souvent devant /i/, le radical du passé est identique à celui du présent. C'est le cas des participes le plus 'réguliers' comme *chanté* et *parti*:

radical du présent	*radical du passé*	*désinence du participe passé*	*participe passé*
ʃãt	ʃãt	e	/ʃãte/
parT	part	i	/parti/

La flexion verbale

Mais un certain nombre de verbes, les moins réguliers, forment le participe passé par l'addition des signes /y/, /T/, ou /Z/. Devant ces désinences le radical du passé est le plus souvent une forme réduite du radical du présent. Les verbes *connaître, dire,* et *mettre* sont de bons exemples de participes de cette espèce.

radical du présent	radical du passé	désinence du participe passé	participe passé
kɔnɛS	kɔn	y	/kɔny/
diZ	di	T	/diT/
mɛT	mi	Z	/miZ/

Etant donnée cette variation dans la forme du signe du participe passé, il faut ajouter une indication de cette forme à l'entrée lexicale. Le verbe *connaître*, par exemple, aura le radical du passé suivi de /y/: 'kɔn' (y).

Le radical du passé doit être choisi selon les formes du passé simple aussi bien que celle du participe. Il est préférable de garder la même base pour ces deux temps, bien que l'identité des deux ne soit pas toujours apparente. Il nous faut donc regarder les formes du passé simple et les comparer au participe afin d'établir un radical du passé commun.

11.5.2 Le passé simple

Le passé simple a une structure morphologique semblable à celle des autres temps: radical + temps + personne. Les formes prises par ces trois morphèmes peuvent se voir dans les conjugaisons des verbes *chanter* et *partir*. Ils représentent les formes les plus régulières dans un temps plein de variations.

Le passé simple de chanter

nous chantâmes	nuZ	ʃɑ̃t.a.mZ	/nu ʃɑ̃ tam/
vous chantâtes	vuZ	ʃɑ̃t.a.tZ	/vu ʃɑ̃ tat/
ils chantèrent	ilZ	ʃɑ̃t.e.rT	/il ʃɑ̃ tɛr/
je chantai	ʒE	ʃɑ̃t.e.∅	/ʒə ʃɑ̃ te/
tu chantas	ty	ʃɑ̃t.a.Z	/ty ʃɑ̃ ta/
elle chanta	ɛlE	ʃɑ̃t.a.∅	/ɛl ʃɑ̃ ta/

Le passé simple de partir

nous partîmes	nuZ	part.i.mZ	/nu par tim/
vous partîtes	vuZ	part.i.tZ	/vu par tit/
ils partirent	ilZ	part.i.rT	/il par tir/
je partis	ʒE	part.i.Z	/ʒə par ti/
tu partis	ty	part.i.Z	/ty par ti/
elle partit	ɛlE	part.i.T	/ɛl par ti/

Les mots du français

Tableau 11.3
Les formes passées de quelques verbes choisis

infinitif écrit	radical du passé	participe passé		le passé simple	
boire	by	by.y	/by/	by.i.Z	/by/
croire	kry	kry.y	/kry/	kry.i.Z	/kry/
connaître	kɔny	kɔny.y	/kɔny/	kɔny.i.Z	/kɔny/
courir	kury	kury.y	/kury/	kury.i.Z	/kury/
devoir	dy	dy.y	/dy/	dy.i.Z	/dy/
lire	ly	ly.y	/ly/	ly.i.Z	/ly/
plaire	ply	ply.y	/ply/	ply.i.Z	/ply/
pouvoir	py	py.y	/py/	py.i.Z	/py/
savoir	sy	sy.y	/sy/	sy.i.Z	/sy/
vouloir	vuly	vuly.y	/vuly/	vuly.i.Z	/vuly/
mettre	mi	mi.Z	/mi/	mi.i.Z	/mi/
prendre	pri	pri.Z	/pri/	pri.i.Z	/pri/
acquérir	aki	aki.Z	/aki/	aki.i.Z	/aki/
asseoir	asi	asi.Z	/asi/	asi.i.Z	/asi/
dire	di	di.T	/di/	di.i.Z	/di/
écrire	ekriV	ekriV.T	/ekri/	ekriV.i.Z	/ekrivi/
conduire	kɔ̃dyiZ	kɔ̃dyiZ.T	/kɔ̃dɥi/	kɔ̃dyiZ.i.Z	/kɔ̃dɥizi/
peindre	pɛɲ	pɛɲ.T	/pɛ̃/	pɛɲ.i.Z	/pɛɲi/
craindre	krɛɲ	krɛɲ.T	/krɛ̃/	krɛɲ.i.Z	/krɛɲi/
rire	ri	ri.i	/ri/	ri.i.Z	/ri/
fuir	fyi	fyi.i	/fɥi/	fyi.i.Z	/fɥi/
voir	v	v.y	/vy/	v.i.Z	/vi/

La flexion verbale

Exercice 11.1

Pour chaque verbe donnez le radical du présent, l'alternance vocalique (s'il y en a), et le son latent E ou Z pour marquer les désinences du singulier. Ensuite dérivez la forme verbale complète.

Exemple: nous levons   lEv (E ⟷ ɛ)(E)
          nuZ lEv.0.ɔ̃Z
          nu lEv.ɔ̃
          /nul vɔ̃/

je travaille   je lis

vous couvrez   ils doivent

elles remplissent   elle sait

nous rendons   tu répètes

il vient   je m'appelle

tu peux   vous achetez

Les mots du français

Exercice 11.2
Dérivez étape par étape les formes verbales de leur représentation sous-jacente à la transcription phonétique.

Subjonctif	*Imparfait*
je doive	nous avions
elle aille	il conduisait
tu saches	je voulais
nous finissions	vous voyiez
ils puissent	elles servaient
vous vendiez	tu disais

Exercice 11.3
Dérivez étape par étape les formes verbales de leur représentation sous-jacente à la transcription phonétique.

Futur

vous jetterez

on ira

nous saurons

je verrai

ils devront

tu pourras

Conditionnel

elle rendrait

tu serais

vous viendriez

elles essaieraient

nous répéterions

je mourrais

Les mots du français

Exercice 11.4
Dérivez étape par étape les formes verbales de leur représentation sous-jacente à la transcription phonétique.

le participe passé	le passé simple
fini	nous partîmes
passé	ils arrivèrent
mis	elle lut
écrit	je sus
joint	vous conduisîtes
voulu	tu ris
dû	il fuit
vu	elles crurent
acquis	je courus
conduit	nous écrivîmes
pris	elle vit
vécu	elles vinrent
né	tu fus
été	il naquit
eu	ils eurent

Exercice 11.5

Donnez les trois radicaux de chaque verbe. Après le radical du présent notez l'alternance vocalique (s'il y en a) et le signe des personnes du singulier (E ou Z). Après le radical du passé indiquez la terminaison du participe et la voyelle (a ou i) du passé simple.

	présent	futur	passé
lever	lEv (E ⟷ ɛ) (E)	levEr	lEv (e) (a)
chanter			
répéter			
dormir			
remplir			
rendre			
prendre			
couvrir			
venir			
pouvoir			
devoir			
lire			
rire			
dire			
savoir			
vouloir			
voir			
écrire			
faire			
aller			
être			
avoir			

Troisième Partie
Les phrases du français

La structure des phrases
Après avoir étudié les formes et les structures des sons et des mots, nous passons maintenant à l'étude des phrases. Notre tâche sera de décrire et d'expliquer comment les mots sont organisés pour exprimer l'idée du locuteur, pour dire quelque chose de cohérent. A part quelques exceptions rares, cette organisation est basée sur l'unité de la langue que nous appelons la phrase. Ce sont donc les structures éventuelles de la phrase qui nous intéressent. Ces structures et nos efforts de les étudier s'appellent la syntaxe.

Quand un locuteur veut formuler une phrase afin d'exprimer une idée, il n'a pas seulement les mots à sa disposition, il a aussi certains moyens syntaxiques qui signalent les rapports entre ces mots. Il est même obligé de mettre les mots dans un certain ordre, d'ajouter certaines flexions, et d'introduire certains mots de fonction grammaticale: articles, prépositions, pronoms, conjonctions, etc. Une phrase grammaticale doit contenir certaines indications de sa structure. Il faut noter pourtant que ces moyens syntaxiques obligatoires et disponibles ne suffisent pas toujours à rendre cette structure tout à fait explicite. Beaucoup des rapports entre les mots de la phrase restent inexprimés et sous-entendus. Notre étude de la syntaxe française aura à considérer ces aspects non-marqués, aussi bien que ceux qui sont marqués, afin d'expliquer la grammaticalité des phrases.

Dans cette troisième partie du livre nous limiterons notre étude aux structures fondamentales et principales des phrases françaises, et aux méthodes élémentaires de la grammaire générative. Les approches analytiques de cette école linguistique ne sont pas les seules disponibles, mais elles sont de loin les mieux développées en syntaxe. Elles offrent donc de bons moyens d'expliquer les structures qui nous intéressent. Notre but n'est pas de présenter toutes les découvertes de la théorie générative, mais de profiter de ses hypothèses et de ses principes de base de sorte à comprendre mieux comment les phrases sont formées en français. Dans le cadre de la grammaire générative nous analyserons la phrase simple et ses constituants majeurs: les syntagmes nominal, temporal, et verbal.

Une des approches de la grammaire générative que nous adopterons est de présenter la grammaire en forme de règles. Ces règles, qui chercheront à caractériser d'une façon très explicite toutes les phrases grammaticales de la langue, sont de la forme générative. C'est à dire qu'elles engendrent ou produisent (dans un sens abstrait) les symboles qui déterminent la structure des phrases.

La formulation de ces règles est beaucoup plus complexe qu'il ne paraît au premier abord. Etant donné la complexité des phrases, même les plus simples, nous aurons besoin de plusieurs types de règles. Selon une version de la théorie générative on aurait quatre sortes de règles: (1) des *règles syntagmatiques* qui engendrent des structures de base et des symboles catégoriels (parce qu'ils représentent des catégories syntagmatiques et non des mots); (2) des *règles de sous-catégorisation* qui attachent des traits syntaxiques (similaires en forme aux traits phonologiques) aux symboles catégoriels; (3) des *règles d'insertion lexicale* qui remplacent les symboles catégoriels (munis de traits syntaxiques) par des mots du lexique; et (4) des *règles transformationnelles* qui changent, d'une façon parfois radicale, les structures et les mots engendrés par les trois premiers types de règles.

Afin de simplifier un peu notre considération de la syntaxe et de concentrer nos efforts sur la structure des phrases nous ne traiterons que les règles syntagmatiques et transformationnelles. Nous supposerons l'existence des règles de sous-catégorisation et d'insertion lexicale sans les spécifier; elles posent beaucoup de problèmes de nature sémantique que nous aurions du mal à traiter comme il faut. Ici, nous allons attacher des mots à nos structures syntagmatiques sans en préciser les moyens.

Une autre hypothèse essentielle de la grammaire générative que nous devons noter à ce point est celle des structures profonde et superficielle. Selon cette hypothèse la structure apparente d'une phrase, celle que le linguiste, ou le locuteur naïf même, peut discerner par une inspection basée sur une connaissance de la langue, ne suffit pas toujours à l'explication de cette phrase. Il faut présupposer une autre structure plus abstraite en dessous. Exactement comme la phonologie et la morphologie avaient besoin de représentations abstraites pour les sons et les mots, la syntaxe en a besoin pour les phrases. A cette structure que l'on peut voir par inspection de la suite des mots on a donné le nom **structure de surface**. Elle s'oppose à la structure abstraite postulée par les linguistes qui est nommée **structure profonde** ou **structure sous-jacente**.

Bien qu'il y ait plusieurs raisons de postuler cette structure profonde, nous ne regarderons qu'un seul argument pour sa nécessité: l'existence des phrases ambigües. Prenons comme exemple la phrase (1).

(1) J'ai lu la critique de Sartre.

Il n'est pas clair dans cette phrase s'il s'agit d'une critique que Sartre a écrite ou d'une critique que quelqu'un a écrite sur Sartre. Nous expliquons ces deux lectures possibles en disant que (1) est la forme superficielle des deux structures profondes différentes (1a) et (1b).

(1a) J'ai lu la critique que Sartre a écrite.

(1b) J'ai lu la critique que l'on a écrite sur Sartre.

Par un accident de la syntaxe les deux phrases (1a) et (1b) peuvent être réduites à la forme de (1). (Les deux propositions relatives, *que Sartre a écrite* et *que l'on a écrite sur Sartre*, peuvent se remplacer par le même syntagme prépositionnel *de Sartre*.) Les phrases (1a) et (1b) sont engendrées par des règles syntagmatiques et ensuite elles sont toutes les deux transformées en (1) par des règles transformationnelles. Notre étude de la syntaxe française prendra donc la forme de la postulation des structures profondes et leur transformation conséquente en structures superficielles.

Chapitre 12
La phrase simple

12.1 Deux constituants principaux: Les syntagmes nominal et verbal

Commençons notre étude de la syntaxe française par l'analyse d'une phrase élémentaire:

(1) Marie étudie.

Si nous omettons, pour l'instant, les flexions verbales, nous voyons que (1) se compose de deux éléments, ou constituants de phrase. Le premier constituant, *Marie*, est évidemment un substantif qui a la fonction de sujet de phrase. Ce substantif appartient à une catégorie de constituants que nous appelons **syntagme nominal** (SN). Pareillement, le second constituant, *étudie*, est un verbe qui représente ici la catégorie **syntagme verbal** (SV). Nous disons donc que cette phrase se constitue d'un syntagme nominal suivi d'un syntagme verbal et nous formalisons cette constatation de la structure par la **règle syntagmatique**.

P ⟶ SN SV

En lisant cette règle à haute voix on dit souvent, "P se réécrit par SN et SV." Cette habitude est à l'origine du terme populaire **règle de réécriture**.

La structure de phrase que cette règle représente peut être illustrée graphiquement par le dessin suivant:

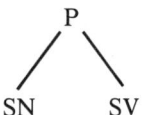

Les illustrations de ce genre, qui nous seront très utiles dans notre analyse de la syntaxe, ont le nom d'**indicateur syntagmatique**. Parce que cet indicateur se ressemble à l'esquisse d'un arbre inversé il s'appelle souvent **arbre structural**. Les symboles P, SN, et SV de cet arbre représentent des catégories élémentaires de la phrase. Par conséquent on les appelle des **symboles catégoriels**.

Afin de compléter l'indicateur syntagmatique de (1) nous devons introduire les mots qui sont particuliers à cette phrase. Ils s'ajoutent en bas de l'arbre comme ceci:

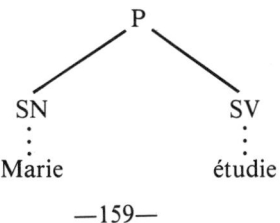

Les phrases du français

Ainsi, chaque symbole catégoriel qui est tout en bas de l'indicateur syntagmatique est remplacé par un mot lexique. Ce mot doit être un membre de la catégorie nommée par le symbole. Dans ce cas-ci *Marie* doit être un SN et *étudie* un SV. Cette insertion lexicale ne dit rien sur la structure de la phrase; elle ne fait qu'attacher les mots à des structures engendrées par les règles syntagmatiques. Elle représente donc un processus linguistique d'un ordre différent (que nous n'allons pas élaborer ici). Cette différence est indiquée dans l'arbre structural par la ligne en pointillés entre le symbole catégoriel et le mot. La suite de mots (et éventuellement d'autres éléments abstraits) qui se trouve en bas de l'arbre structural après les règles d'insertion lexicale est appelée la **séquence terminale** (ou **suite terminale**). Ce nom vient du fait que cette séquence est le produit de la dernière règle avant l'application des transformations.

Considérons maintenant la phrase suivante:

(2) Marie prépare sa leçon.

Elle a une structure similaire à celle de (1).

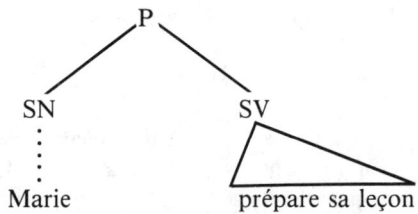

Comme la première phrase elle est composée d'un SN et d'un SV, mais cette fois le syntagme verbal est plus complexe. Il contient plusieurs mots dont la structure doit être dégagée. (Le triangle dans l'arbre structural représente un constituant qui manque une analyse détaillée.)

Dans ce syntagme verbal on peut voir un verbe *prépare* semblable à l'*étudie* de (1) et un complément du verbe *sa leçon*. Ce complément est un substantif et ainsi un membre de la catégorie syntagme nominal, bien que sa structure soit différente de celle de notre premier SN *Marie*. Nous proposons donc la structure suivante où V signifie verbe:

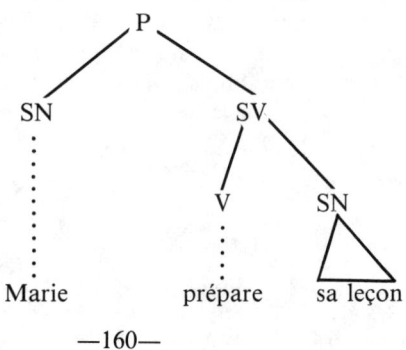

La phrase simple

Si cette structure est bonne, nous avons besoin d'une règle syntagmatique pour l'engendrer. Voici donc une règle pour l'expansion du SV.

$$SV \longrightarrow V \ (SN)$$

Les parenthèses autour du SN signifient que ce constituant est facultatif. Cette notation est nécessaire parce que le SN apparaît en (2) mais pas en (1). Evidemment la présence de ce complément dépend du verbe. Certains verbes prennent un complément, d'autres n'en prennent pas; les premiers sont appelés *transitifs* et les autres *intransitifs*.

Le SN *sa leçon* a une structure qui n'existait pas avec le SN *Marie*. Le nom *leçon* est précédé du petit mot *sa*, qui est un déterminant. Si nous choisissons le symbole D pour le déterminant et N pour le nom nous avons la règle:

$$SN \longrightarrow D \ N$$

Selon cette règle tout SN comprend un déterminant et un nom. Notre premier SN *Marie* ne semble pas conformer à cette règle; le D ne se voit pas. Nous pourrions bien changer la règle et rendre le D facultatif, mais il y a de bonnes raisons de présupposer que ce D et toujours présent dans la structure profonde, et qu'il est supprimé de la forme superficielle des noms propres (voir le Chapitre 13).

Nous redessinons de nouveau l'indicateur syntagmatique de la phrase (2).

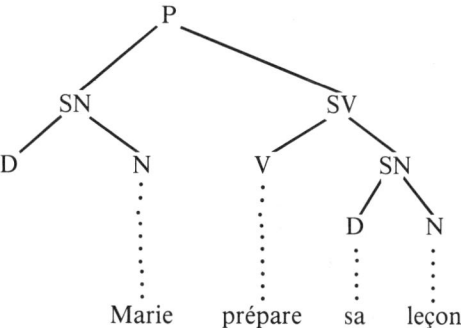

Les phrases (3) et (4) démontrent l'existence de syntagmes verbaux dont les structures différentes demandent une nouvelle adaptation de la règle qui réécrit SV.

(3) Mon père est là.
(4) Le chien est intelligent.
(5) Ma sœur est un ingénieur.

Dans ces phrases nous trouvons le verbe très spécial *être* suivi d'un adverbe, d'un adjectif, et d'un syntagme nominal. Si nous donnons le nom **copule** (Cop) au verbe *être* (et aux autres verbes semblables), et si nous appelons l'adverbe et l'adjectif par leurs catégories de phrase générales, **syntagme adverbial** (SAdv) et **syntagme adjectival** (SAdj), nous pouvons formuler une règle qui engendre ces nouvelles expansions du SV.

$$SV \longrightarrow Cop \begin{Bmatrix} SAdv \\ SAdj \\ SN \end{Bmatrix}$$

La notation des accolades signifie qu'il faut choisir un seul des éléments y inclus. Cette même notation nous permet de rejoindre cette nouvelle règle à la toute première et regrouper ainsi toutes les expansions du SV dans une seule règle complexe.

$$SV \longrightarrow \begin{Bmatrix} Cop \begin{Bmatrix} SAdv \\ SAdj \\ SN \end{Bmatrix} \\ V \quad (SN) \end{Bmatrix}$$

12.2 Le syntagme temporel

Les quatre phrases que nous avons déjà analysées dans ce chapitre avaient toutes le verbe principal au temps présent, et la forme simple de ce verbe nous a permis de remettre son analyse jusqu'à présent.

En dépit de son apparence minimale dans les phrases (1-5) le temps des formes verbales est suffisamment important à la phrase pour être un de ses constituants majeurs, au même niveau structural que les syntagmes nominal et verbal. Nous reconnaissons donc un **syntagme temporel** (ST) qui est autonome par rapport au syntagme verbal. (Dans le Chapitre 14 nous verrons que ce syntagme est assez complexe pour mériter plusieurs règles syntagmatiques pour son expansion.)

Afin de bien intégrer le syntagme temporel à sa place dans la structure de la phrase, nous redigeons la règle pour l'expansion du P.

Elle aura maintenant la forme suivante:

$$P \longrightarrow SN \quad ST \quad SV$$

et l'indicateur syntagmatique correspondant sera:

```
        P
      / | \
    SN  ST  SV
```

Considérons l'expression du temps verbal dans les phrases (2) et (6-8).

(2) Marie prépare sa leçon.
(6) Marie préparait sa leçon.
(7) Marie doit préparer sa leçon.
(8) Marie devait préparer sa leçon.

Dans la phrase (2) la désinence du temps présent est ∅. (voir paragraphe 11.1.1) Autrement dit, le syntagme temporel ne comprend que le temps présent (Prés), qui est représenté par ∅. Quand l'arbre structural de cette phrase sera refait pour incorporer ce syntagme, il aura la forme suivante:

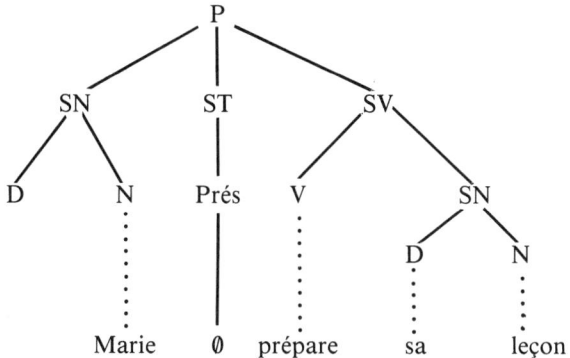

La structure de la phrase (6) est identique à celle de (2), sauf que le ST se constitue de l'imparfait (Impft), qui est réalisé phonétiquement par /e/. Ces structures seraient engendrées par les règles suivantes:

$$ST \longrightarrow \begin{Bmatrix} \text{Prés} \\ \text{Impft} \end{Bmatrix}$$

$$\text{Prés} \longrightarrow \emptyset$$

$$\text{Impft} \longrightarrow e$$

Les phrases (7) et (8) ont aussi des structures similaires. La présence du verbe modal *devoir* est la seule différence. Ici le ST démontre clairement son autonomie en ne s'attachant plus au verbe principal *préparer*, mais au modal *devoir*. D'autres phrases de la langue confirmeront que les flexions du temps sont toujours attachées au premier verbe de la proposition, et à celui-ci seul. C'est cet attachement au premier verbe qui nous a fait placer le ST devant le SV dans la structure profonde. Bien que cet ordre soit contraire à celui que l'on trouve dans la structure superficielle, ce placement du ST est le seul moyen formel d'assurer que la flexion temporelle s'attache toujours au premier verbe.

12.3 La transformation affixe

Cette différence entre la structure profonde et la structure superficielle nous oblige d'introduire une règle supplémentaire qui renverse l'ordre du premier verbe et son affixe flexionnel. Par exemple, dans la dérivation de la phrase (6) nous trouverons la séquence /e/ + /prepar/ au bas de l'arbre structural. Il faudra une règle qui

Les phrases du français

transforme cette séquence d'affixe plus verbe en /prepar/ + /e/. Cette règle aura donc la forme générale:

Transformation affixe (obligatoire):
    affixe   verbe
    1   2 $\implies$ ∅, 2 + 1

(Afin de simplifier la présentation des mouvements dans une règle tranformationnelle les constituants pertinents sont numérotés selon leur ordre dans la structure profonde et les mouvements sont décrits en termes de ces numéros.)

Une telle règle est très différente des règles syntagmatiques que nous avons utilisées jusque maintenant. Au lieu d'engendrer les symboles catégoriels qui déterminent la structure de la phrase, cette règle manipule les constituants créés par les règles syntagmatiques. Elle ne crée pas de nouvelles structures, mais elle change les séquences qui sortent des règles syntagmatiques pour qu'elles correspondent aux phrases réalisées. Parce qu'une telle règle sert à transformer la structure profonde en structure superficielle, on l'appelle une **règle transformationelle**.

Cette conception de la dérivation des phrases en deux étapes, règles syntagmatiques suivies de règles transformationelles, nous permet de postuler des structures plus simples et plus intuitives que ne seraient possibles autrement. En plus, elle semble efficace pour l'explication des processus syntaxiques français et universels.

12.4 Le syntagme adverbial

Les trois syntagmes principaux que nous avons considérés, SN, SV, et ST, dépendent tous directement de P. Il reste encore un syntagme de plus qui se trouve à ce même niveau dans l'arbre structural, c'est le **syntagme adverbial** (SAdv). Nous en voyons un exemple dans la phrase (9).

    (9) Marie prépare sa leçon aujourd'hui.

La structure de cette phrase est identique à celle de (2), à part l'addition du syntagme adverbial et son seul constituant, l'adverbe (Adv) *aujourd'hui*. Elle a donc l'indicateur syntagmatique suivant:

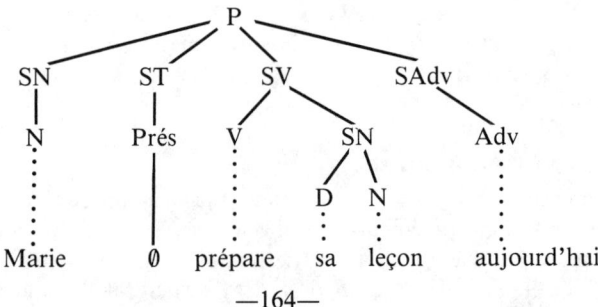

La phrase simple

Afin d'engendrer cette structure nous changeons la règle qui réécrit le P, et nous ajoutons une règle qui détermine le SAdv. Voici les nouvelles règles:

$$P \longrightarrow SN\ ST\ SV\ (SAdv)$$

$$SAdv \longrightarrow Adv$$

La première de ces deux règles indique que le syntagme adverbial est facultatif, ce qui est évidemment le cas, car il apparaît en (9) et non en (2). Cette même règle constate que ce syntagme est analysé comme un constituant direct de P. Cette analyse est basée sur l'observation que l'adverbe *aujourd'hui* se rapporte à l'idée exprimée par la phrase en entier. Il ne modifie pas le verbe *prépare*, mais il spécifie quand *Marie prépare sa leçon*.

Etant donnée la phrase (9), notre analyse est bonne, mais cette phrase ne révèle pas toutes les formes et toutes les occurrences du syntagme adverbial. Il existe aussi des phrases comme (10):

(10) Je vous rencontrerai au restaurant à midi pour le déjeuner.

Ici nous voyons qu'une seule phrase peut avoir plusieurs syntagmes adverbiaux à la fois et que le SAdv peut se constituer d'un syntagme prépositionnel (SP), une préposition(Prép) suivi d'un SN, aussi bien que d'un adverbe. La règle pour l'expansion de SAdv devient donc la suivante:

$$SAdv \longrightarrow \begin{Bmatrix} Adv \\ SP \end{Bmatrix}$$

$$SP \longrightarrow Prép\ SN$$

Les syntagmes *au restaurant, à midi*, et *pour le déjeuner* de (10) diffèrent par la nature de la modification qu'ils apportent à la phrase. Ils expriment respectivement les idées de lieu, de temps, et de cause. Ces catégories sémantiques sont pertinentes à leur usage; on ne trouve pas, par exemple, deux syntagmes adverbiaux qui appartiennent à une seule de ces catégories sémantiques dans une seule phrase simple. Ainsi il n'existe pas de phrases telles que (11).

(11) *Ils regardent la télévision à la maison au café.

(L'astérisque signale une phrase non-grammaticale.)

En plus, ces trois catégories de sens déterminent l'ordre normal des syntagmes adverbiaux dans la phrase. Ces syntagmes apparaissent le plus fréquemment dans l'ordre de lieu, temps, et cause. D'autres ordres sont possibles, mais ils changent l'interprétation de la phrase. Un syntagme adverbial qui sort de sa place ordinaire dans cet ordre reçoit une proéminence spéciale; il devient le *focus* de la phrase. Par exemple, les phrases (12) et (13)

(12) Je vous rencontrerai au restaurant pour le déjeuner à midi.

Les phrases du français

(13) A midi je vous rencontrerai au restaurant pour le déjeuner.

n'ont plus les mêmes présuppositions que (9). Le locuteur insiste ici sur la spécifications du temps; le lieu et la cause sont entendus, mais le temps est une nouvelle information.

Ce mouvement d'un syntagme adverbial est accompagné d'un changement dans les prosodies. Le syntagme transporté est réalisé comme un groupe intonatif indépendent et peut être marqué d'un accent d'insistance.

Nous rendons compte de cet état d'affaires en reconnaissant trois syntagmes adverbiaux différents: un *syntagme de lieu* (SAdv-l), un *syntagme de temps* (SAdv-t), et un *syntagme de cause* (SAdv-c). L'ordre normal de ces trois unités sera établi comme l'ordre de la structure profonde par une nouvelle version de la règle qui réécrit P.

$$P \longrightarrow SN \quad ST \quad SV \quad (SAdv\text{-}l) \quad (SAdv\text{-}t) \quad (SAdv\text{-}c)$$

Les mouvements du syntagme adverbial, que nous avons vu dans les phrases (12) et (13) seront engendrés par deux règles transformationnelles facultatives. Une qui transporte un SAdv quelconque à la fin de la phrase, et une autre qui le met au début.

Transformation adverbial-1 (facultative)

$$\begin{array}{cccc} X & SAdv & Y & \# \\ 1 & 2 & 3 & 4 \end{array} \Longrightarrow 1, \emptyset, 3, 2, 4$$

Transformation adverbial-2 (facultative)

$$\begin{array}{cccc} \# & X & SAdv & Y \\ 1 & 2 & 3 & 4 \end{array} \Longrightarrow 1, 3, 2, \emptyset, 4$$

Dans cette formalisation des règles le symbole # représente une frontière de la phrase, ou la fin ou le début, et les symboles X et Y représentent des constituants quelconques, même un constituant nul.

12.5 Les modalités de la phrase simple

Les quatre premiers paragraphes de ce chapitre ont introduit les quatre constituants principaux de la phrase simple, SN, ST, SV, et SAdv, et deux règles transformationnelles qui agissent sur ces constituants: la transformation affixe et les deux variantes de la transformation adverbiale. Toutes les phrases analysées avaient été choisies parce que leurs structures profondes différaient peu de leurs structures de surface. Elle ne semblaient pas avoir subi de transformation à part la transformation affixe. Il n'y avait pas de changements structuraux qui auraient rendu ces deux structures moins similaires.

12.5.1 Les modalités obligatoires

Il est vrai pourtant que ces phrases apparemment simples contenaient un élément de sens qui n'était pas tout de suite évident et qui dépendait des règles transformationnelles pour leur signalement dans la structure de surface. Cet élément, qui se cachait dans l'ordre des mots et dans les formes prosodiques, est la **modalité**. Ce terme désigne une qualité de la phrase entière qui exprime l'intention du locuteur au delà du sens propre des mots. La modalité nous fait savoir si le locuteur veut affirmer quelque chose, demander quelque chose, ou commander à quelqu'un de faire quelque chose. Ces trois intentions déterminent les trois types de phrases fondamentaux: **le déclaratif**, **l'interrogatif**, et **l'impératif**. Ces trois catégories servent à classifier toutes les phrases du français. Ainsi toute phrase de la langue appartient obligatoirement à une de ces catégories, et nos règles de syntaxe doivent attacher une de ces modalités à chaque phrase.

Puisque les modalités contribuent au sens de la phrase nous voulons qu'elles fassent partie de la structure profonde. Elle doivent être représentées dans l'indicateur syntagmatique et engendrées par les règles syntagmatiques. Le fait que la modalité est une caractéristique de la phrase entière nous avertit qu'elle n'est pas vraiment un constituant de la phrase. Dans l'arbre structural donc il faut qu'elle se trouve au même niveau que P. Elle doit être représentée comme une soeur de P, non comme une de ses filles. Mais cela pose un petit problème; dans nos règles syntagmatiques le P est le premier symbole catégoriel que nous avons. Etant à la gauche de la première règle il ne peut pas avoir de soeurs. De mettre la modalité à ce niveau de l'arbre nous oblige donc de redéfinir le P comme le seul noyau de la phrase et de créer un nouveau symbole d'origine pour les arbres structuraux.

Désormais le P ne représentera plus la phrase entière mais sera limité à cette partie de la phrase qui contient les morphèmes segmentaux, le *noyau de la phrase*. Pour la nouvelle catégorie au-dessus de P nous choisissons la lettre φ de l'alphabet grec parce qu'elle correspond au *ph* du mot *phrase*. Par moyen de ce symbole nous pouvons introduire la modalité (Mod) dans nos règles et la définir comme déclaratif (Déclar), interrogatif (Inter), ou impératif (Imp).

$$\varphi \longrightarrow \text{Mod} \quad P$$

$$\text{Mod} \longrightarrow \begin{Bmatrix} \text{Déclar} \\ \text{Inter} \\ \text{Imp} \end{Bmatrix}$$

En ajoutant ces deux règles nous refaisons l'arbre structural de la phrase (2):

Les phrases du français

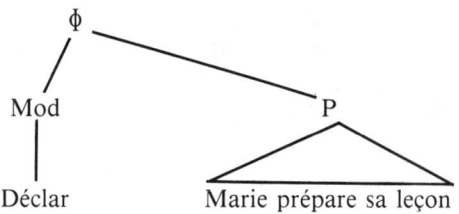

Les constituants de la modalité sont bien présents dans la structure profonde; ils contribuent au sens de la phrase. Ils diffèrent pourtant des autres formatives de la séquence terminale par le fait qu'ils ne sont pas remplacés par des mots du lexique. Dans cette séquence ces modalités gardent la forme d'un symbole catégoriel qu'elles avaient à la sortie de la règle syntagmatique. Au lieu d'être lexicalisé chaque constituant de la modalité sert à déclencher une règle transformationnelle spécifique. Cette règle détermine le changement structural et le patron de l'intonation qui appartiennent à la modalité trouvée dans la structure profonde.

12.5.2 *Le déclaratif*
La modalité déclarative se manifeste dans la structure de surface par l'ordre des mots et par le mouvement tonal dans le dernier groupe intonatif. L'ordre des mots déclaratif est identique à l'ordre des mots de la séquence terminale de la structure profonde. Le déclaratif, étant la modalité non-marquée, est réalisé par l'absence de changement dans cet ordre. Ainsi aucune transformation de mouvement n'est nécessaire.

Tout comme l'ordre des mots le patron intonatif caractérise le déclaratif comme la moins marquée des modalités. Le ton sur l'accent final du dernier groupe intonatif descend lentement. C'est le mouvement tonal attendu dans le cas où le locuteur ne fait aucun effort spécial de modifier l'intonation. Afin d'engendrer la bonne forme phonétique de la phrase déclarative nous n'avons qu'assurer que cette chute intonative soit attachée à la syllabe finale.

A ce but nous représentons une courbe intonative par le symbole *Inton* suivi d'une flèche qui désigne le sens du mouvement tonal. Ce symbole sera introduit dans la séquence terminale par une règle transformationnelle. Dans le cas du déclaratif nous avons la règle suivante:

Transformation déclarative (obligatoire):

    Déclar P ⟹ P Inton ↘

(Parmi les règles pour la réalisation phonétique doit figurer une règle qui imposera cette courbe intonative sur la dernière syllabe de la phrase.)

Dans la dérivation d'une phrase telle que (14)

    (14) Tu joues du pia↘no.

les formatives de la séquence terminale seraient

    (14a)   Déclar tu ∅ joue de le piano

La transformation déclarative ajoute Inton ↘ à la fin de la phrase et crée ainsi la séquence

    (14b)   tu ∅ joue de le piano Inton↘

12.5.3 L'interrogatif

L'interrogation des phrases simples se signale par trois moyens syntaxiques: l'intonation montante, l'introduction d'un pronom sujet tout de suite après le verbe conjugué, ou l'introduction de *est-ce que* au début de la phrase. Ces trois processus sont indépendants l'un de l'autre. Chacun peut être la seule marque de l'interrogation de la phrase, comme on peut voir dans les phrases (15-18).

    (15)   Tu joues du piano↗ ?

    (16)   Joues-tu du piano↘ ?

    (17)   Mathieu joue-t-il du piano↘ ?

    (18)   Est-ce que tu joues du piano↘ ?

L'intonation montante peut entrer en combinaison avec les deux autres marques syntaxiques de l'interrogation. Ainsi les variations (19-21) sont grammaticales.

    (19)   Joues-tu du piano↗ ?

    (20)   Mathieu joue-t-il du piano↗ ?

    (21)   Est-ce que tu joues du piano↗ ?

La seule combinaison interdite est *est-ce que* avec le pronom sujet en position après le premier verbe. Ainsi (22-23) sont non-grammaticales.

    (22)   *Est-ce que joues-tu du piano?

    (23)   *Est-ce que Mathieu joue-t-il du piano?

Afin d'engendrer ces trois marques de la modalité interrogative nous postulons trois règles transformationnelles indépendentes:

Les phrases du français

Transformation interrogative: intonation

$$\text{Inter } P \Longrightarrow P + \text{Inton } \nearrow$$

Transformation interrogative: *est-ce que*

$$\text{Inter } P \Longrightarrow \text{est-ce que} + P$$

Transformation interrogative: insertion

Première étape

$$\begin{array}{cccccc} \text{Inter} & \text{SN} & \text{af} & \text{V} & \text{X} \\ 1 & 2 & 3 & 4 & 5 \end{array} \Longrightarrow \emptyset, 2, 3, 4, \text{SN}, 5$$
$$[+ \text{pron}]$$

SN s'accorde en nombre, genre, et personne avec item 2
[+ pron]

Deuxième étape

$$\begin{array}{cccccc} \text{SN} & \text{af} & \text{V} & \text{SN} & \text{X} \\ [+ \text{pron}] & & & [+ \text{pron}] & \\ 1 & 2 & 3 & 4 & 5 \end{array} \Longrightarrow \emptyset, 2, 3, 4, 5$$

La première de ces règles ne fait qu'ajouter la courbe d'intonation montante à la fin de la phrase. Elle a une forme et une fonction en parallèle avec la transformation déclarative. La montée tonale engendrée par cette règle est typique des questions, mais elle n'y apparaît pas toujours. En même temps la montée peut s'attacher à d'autres fonctions intonatives comme la continuation non-finale ou l'exclamation. Par conséquent, cette forme prosodique est loin d'être un signe distinctif de l'interrogation.

La deuxième transformation interrogative introduit *est-ce que* au commencement de la phrase sans autre changement. A l'opposé de l'intonation montante cet élément signale toujours une question. Les phrases (18) et (21) ont subi cette règle.

La transformation pour l'interrogation par insertion a deux étapes séparées. Elle insère d'abord un pronom sujet tout de suite après le verbe conjugué. Dans cette formulation de la règle cette position est specifiée comme celle qui suit le premier verbe de la suite terminale; c'est à dire le verbe de la séquence SN + af + V. Après cette première étape de la règle transformationnelle la séquence dérivée aura deux syntagmes nominaux pour le sujet. C'est exactement ce qu'il faut pour engendrer des phrases telles que (17). Pour des phrases comme (16) pourtant il faudra effacer le pronom sujet qui précède le verbe. Voilà la fonction de la deuxième étape de la règle.

La phrase (17) a subi un autre changement en même temps que l'insertion décrite par cette règle; un /t/ s'est introduit entre le verbe et le pronom inséré par la transformation interrogative. Nous n'avons pas inclu cette addition du /t/ dans la règle interrogative parce qu'elle ne semble pas être déclenchée par l'interrogation. On trouve un /t/ chaque fois qu'un pronom de la troisième personne s'attache à la fin du verbe. Ainsi les phrases (24-25):

(24) Peut-être joue-t-il du piano.

(25) Aussi joue-t-on du piano.

Nous devons conclure qu'un /t/ est inséré devant *il, elle*, ou *on* dans tous les cas d'insertion pronominale où la désinence verbale ne se termine pas en /T/. Il semble que ce /T/ de liaison, très fréquent comme morphème de la troisième personne, se soit généralisé aux formes à désinence vocalique. Nous ajoutons donc la règle suivante:

$$X \quad V \quad af \quad Pro \quad Y$$
$$\quad \quad [+voc] \quad [+3^{me}\ pers]$$
$$1 \quad 2 \quad 3 \quad 4 \quad 5 \Longrightarrow 1, 2, 3, /t/, 4, 5$$

12.5.4 L'impératif

La modalité impérative est très limitée dans sa distribution. Il n'apparaît qu'avec les pronoms sujets *tu, vous*, et *nous* et dans le temps présent. Malgré certains verbes comme *être, avoir*, ou *savoir* dont le radical irrégulier du subjonctif se trouve aussi à l'impératif, il est plus simple de supposer que l'impératif prenne un verbe au temps présent dans son noyau de phrase.

Cette modalité se distingue du déclaratif par le manque du pronom sujet et par une intonation à ton élevé au début de la phrase. A la fin de la phrase elle se sert de la même intonation descendante trouvée dans la phrase déclarative. Les phrases (26-28) nous serviront d'exemples de la modalité impérative.

(26) Prépare la leçon.

(27) Soyez à l'heure.

(28) Prenons le train.

Nous avons besoin donc d'une règle transformationnelle pour effacer le pronom sujet et pour ajouter les courbes d'intonation. Voici une telle règle.

Transformation impérative (obligatoire):

Imp	tu vous nous	Y	ST [+ prés]	Z
1	2	3	4	5 ⟹

Inton   0, 0, 3, 4, 5, Inton

De cette façon le syntagme nominal qui a la fonction du sujet de la phrase est engendré normalement, ce qui s'accorde bien avec notre sens intuitif d'un pronom sujet sous-entendu. Ce pronom est bien dans la structure profonde et contribue donc à l'interprétation sémantique de la phrase, bien qu'il soit absent de la forme de la surface.

Exercice 12.1
Dessinez l'arbre structural pour chacune des phrases suivantes. Ecrivez la règle syntagmatique qui correspond à chaque branchement de cet arbre.

a. Jean-Marie regarde sa montre.

b. Il appelle le garçon.

c. Il est un ingénieur.

d. L'hôpital est là-bas.

e. La situation est grave.

La phrase simple

Exercice 12.2
Quelles différences y aurait-il dans ces arbres si les verbes étaient à l'imparfait?

Exercice 12.3
Appliquez la transformation affixe à la séquence terminale de chaque phrase de l'exercice 1.

Exercice 12.4
Dessinez l'arbre structural pour chacune des phrases suivantes. Appliquez la transformation affixe, et où il le faut, appliquez aussi une des transformations adverbiales.

    a.   Il travaille à l'usine maintenant.

    b.   Le samedi nous allions au marché pour les provisions.

    c.   Au lycée les élèves sont studieux.

    d.   A cause de la pluie les rivières seront hautes ce weekend.

Exercice 12.5
Redessinez les arbres structuraux des exercices 1 et 4 en ajoutant la modalité déclarative. Appliquez aussi la transformation déclarative.

Exercice 12.6
Dessinez l'arbre structural pour chacune des phrases suivantes. Appliquez toutes les transformations nécessaires.

   a. Tu vois?

   b. Est-ce qu'il boit le café?

   c. Le professeur est-il paresseux?

   d. Allez-vous au cinéma ce soir?

La phrase simple

Exercice 12.7
Dessinez l'arbre structural pour chacune des phrases suivantes. Appliquez toutes les transformations nécessaires.

    a.   Appelle le médecin tout de suite.

    b.   Regardons ce match à la télévision.

    c.   Telephonez-moi demain au bureau.

Chapitre 13
Le syntagme nominal

Le premier des constituants obligatoires de la phrase (P) est le syntagme nominal. Ce syntagme apparaît dans la structure profonde de toutes les phrases de la langue parce qu'il est toujours introduit sous P, où il a la fonction de sujet de la phrase. Le SN réapparaît aussi comme un constituant facultatif du syntagme verbal et comme le complément de la préposition dans le syntagme adverbial. Le SN est un syntagme fréquent dans son occurrence et complexe dans sa structure.

Dans ce chapitre nous étudierons d'abord la structure du syntagme nominal et l'engendrement syntaxique du genre et du nombre qui s'attachent à tout substantif et adjectif (voir Chapitre 10). Ensuite nous jetterons un coup d'œil sur quelques traits syntaxiques du nom avant de passer à l'examen du déterminant et de l'adjectif. L'analyse du déterminant, une catégorie obligatoire qui a plusieurs sous-constituants et une syntaxe complexe, sera centrale à notre considération du syntagme nominal.

13.1 La structure du syntagme nominal

Par syntagme nominal nous voulons désigner le substantif (ou le nom) et tous les mots qui s'accordent avec lui en genre et en nombre. Cela inclue tous les constituants du déterminant qui précèdent le nom et tous les adjectifs qui le suivent. (Il y a aussi certains adjectifs qui précèdent le nom dans la structure de surface.) Provisoirement nous précisons la structure du syntagme nominal par la règle syntagmatique du Chapitre 12 à laquelle nous avons ajouté un syntagme adjectival facultatif.

$$SN \longrightarrow D\ N\ (SAdj^*)$$

L'astérisque sur SAdj signifie que ce constituant peut se répéter plusieurs fois. (Il faut noter que la plupart des grammaires linguistiques introduisent l'adjectif comme une forme réduite d'une proposition relative, mais j'ai préféré l'engendrer comme un constituant direct du SN parce que cette analyse semble refléter plus fidèlement les rapports très proches entre le substantif et l'adjectif.)

13.2 Le genre et le nombre

Au Chapitre 10 nous avons vu que chaque substantif (aussi bien que ses déterminants et ses adjectifs) est suivi des désinences du genre et du nombre. Evidemment ces terminaisons sont des éléments du syntagme nominal très importants. Il faut bien déterminer comment elles sont attachées aux constituants du SN avant de considérer l'expansion du D, N, et SAdj.

Le genre, étant un trait inhérent du substantif, est indiqué dans l'entrée lexicale de chaque nom de la langue. Ce morphème ne sera donc pas engendré par les règles syntagmatiques, mais il entrera dans la structure profonde au moment de l'insertion lexicale. Bien que le genre soit essentiel à tous les constituants du SN, il ne fait pas partie de l'arbre structural. Il s'insère dans la séquence terminale par le fait que chaque substantif du lexique est marqué par le trait [+ ou - féminin].

Au contraire du genre, qui est un trait du nom, le nombre est un constituant du syntagme nominal déterminé par le sens de la phrase. Le locuteur choisit entre le morphème du singulier et celui du pluriel pour chaque substantif. Ce choix dépend du sens voulu et du contexte, non d'un trait inhérent du nom (à l'exception des noms non-comptables). Il suit de là que le morphème du nombre s'introduit dans la structure profonde par une règle syntagmatique et apparaît dans l'arbre structural.

En écrivant la règle syntagmatique, il faut que nous reconnaissions que le nombre n'est pas un simple constituant du syntagme pareil au déterminant, au nom, ou à l'adjectif. Il doit être recopié et attaché en forme de désinence à tous ces autres constituants du SN. Afin de bien représenter cette structure nous voulons que le symbole catégoriel du nombre (No) dépende directement du SN et que ce symbole serve à déclencher une transformation de l'accord. Nous ajoutons donc le symbole No comme un constituant obligatoire du SN, et nous avons la règle:

$$SN \longrightarrow No \quad D \quad N \quad (SAdj^*)$$

Et No se réécrit par le singulier (sing) ou le pluriel (plur),

$$No \longrightarrow \begin{Bmatrix} Sing \\ Plur \end{Bmatrix}$$

Dans tous les syntagmes où apparaissent le trait [+ féminin] et le pluriel comme constituant au nombre les règles transformationnelles de l'accord attacheront un E latent et un Z latent à la fin de tous les autres constituants du SN. (Cette règle sera formulée dans le paragraphe 13.6, après que nous avons développé les expansions du déterminant et du syntagme adjectival.)

13.3 Le nom

Nous venons maintenant au constituant central du syntagme nominal, le nom. Dans l'engendrement de cette **tête de syntagme** le symbole catégoriel N est remplacé par un substantif puisé directement du lexique. Au moment d'être inséré dans la séquence terminale ce nom est doté de beaucoup de traits syntaxiques. La plupart de ces traits déterminent la sous-catégorisation du nom et expliquent les possibilités de la co-occurrence du nom avec les autres mots de la phrase. Nous ne considérons ici que trois de ces traits syntaxiques, ceux qui concernent les formes du syntagme nominal et son accord avec le verbe. Ce sont la marque du genre, la marque de la personne grammaticale, et la marque des noms personnels.

Le trait qui marque le genre du nom va servir à déclencher une transformation de l'accord qui attachera la désinence /E/ à la fin de tous les constituants du syntagme nominal dont le nom a le trait [+ féminin]. En principe la même règle attachera la désinence du masculin [- féminin] aux constituants du syntagme, mais parce que ce genre est réalisé par la désinence /∅/, l'application de la règle dans ce cas ne changera rien. Elle n'aura aucun effet. (Cette règle de l'accord du genre est présentée dans le paragraphe 13.6.)

Le trait de la personne grammaticale est limité à un petit groupe de noms que nous appellerons **noms personnels**. Ce sont les noms *je, tu, on, il, elle, nous, vous, ils*, et *elles* qui font partie de ce groupe de mots connu dans la grammaire traditionnelle comme les **pronoms personnels**. (Dans le lexique ces formes du pronom sujet serviront comme la représentation sous-jacente pour toutes les formes de ces mêmes mots. La forme *je*, par exemple, représente aussi les formes *me* et *moi*.)

Ces noms personnels diffèrent des pronoms personnels, parce qu'ils se réfèrent directement à des personnes signifiées. Il ne remplacent pas un autre nom du lexique, mais ils entrent dans la séquence terminale par le chemin direct de l'insertion lexicale. Par contre, les véritables pronoms personnels se substituent à d'autres substantifs déjà présents dans cette séquence. Ce sont les mots *il, elle, ils*, et *elles* qui peuvent être introduits dans la dérivation par les règles transformationelles de pronominalisation. De cette façon ces quatre mots sont ambigus. Il peuvent nommer des personnes directement du lexique comme les autres noms personnels, ou ils peuvent se substituer à des noms communs ou noms propres.

Les noms personnels *je* et *nous* auront le trait [+ 1re personne], *tu* et *vous* seront marqués par le trait [+ 2me personne], et *on, il, elle, ils, elles* prendront le trait [+ 3me personne]. Tous les autres noms du lexique appartiendront automatiquent à la catégorie des noms de la troisième personne. L'information présente dans ces traits de la personne grammaticale du nom sera nécessaire à la règle de l'accord entre le sujet de la phrase et la désinence de personne à la fin du verbe conjugué.

La catégorie des noms personnels est importante à la syntaxe du syntagme nominal pour une deuxième raison: dans la structure de surface ces noms n'ont pas de déterminant. C'est une caractéristique qu'ils partagent avec la plupart des noms propres. Tous les noms personnels et tous les noms propres qui désignent des personnes (ou des animaux familiers pris comme des personnes) manquent un déterminant. Si nous attribuions un trait [+ personnel] à ces deux catégories de noms, nous pourrions décrire ce manque par la transformation suivante:

Transformation—effacement du déterminant:

$$X \quad D \quad \underset{[+ \text{ personnel}]}{N} \quad Y$$

$$1 \quad 2 \quad 3 \quad 4 \implies 1, \emptyset, 3, 4$$

L'emploi du déterminant devant les noms propres géographiques est plus compliqué et ne peut pas s'expliquer par cette règle.

Nous aurions pu engendrer les mêmes structures de surface en changeant la règle du syntagme nominal. Si le constituant D de cette règle était facultatif les résultats superficiels seraient les mêmes. Pourtant une analyse sémantique de ces noms personnels suggère qu'ils sont en réalité déterminés. Ils se réfèrent tous à des personnes bien spécifiées, et présupposent donc l'article *le* dans leurs structures profondes. Si cette analyse est bonne, et il paraît que oui, le D obligatoire et la transformation—effacement du déterminant rendent bien compte de la situation. Le sens est présent dans la structure profonde, mais la formative qui porte ce sens est effacée à la surface.

13.4 Le déterminant

La détermination du nom n'est pas une simple question de l'article. C'est tout un système de signes qui se placent devant le nom et précisent son sens. Il peut y avoir jusqu'à quatre mots qui contribuent à sa détermination. Dans la catégorie de déterminant on trouve les articles, les possessifs, les démonstratifs, les adjectifs indéfinis, les numéraux, et les adverbes de quantité. Nous allons engendrer même les interrogatifs et les rélatifs de cet élément du syntagme.

Les principaux sous-constituants du déterminant apparaissent dans le syntagme *tous les trois autres joueurs*. Si nous prenons l'article défini *les* comme point de départ, nous pouvons nommer deux des trois autres éléments selon leur position devant ou après cet **article: préarticle** et **postarticle**. Ne trouvant pas un terme basé sur la position qui désigne facilement le quatrième élément, nous l'appelons par un nom qui suggère sa fonction, **l'identité**. Ces termes nous permettent l'analyse suivante de notre syntagme exemplatif.

Tous	+	les	+	trois	+	autres	+	joueurs
Préarticle	+	Article	+	Postarticle	+	Identité	+	N

De ces quatre sous-catégories du déterminant seul l'article est obligatoire. Les trois autres sont facultatifs. La règle de réécriture de D est donc la suivante:

$$D \longrightarrow (PréArt) \quad Art \quad (PostArt) \quad (Identité)$$

13.4.1 L'article

Le seul constituant obligatoire du déterminant est nommé l'article, pourtant la signification de ce terme est plus large que le sens normal de ce mot. Dans cette grammaire générative *article* veut dire non seulement les articles traditionnels: le défini [le] et l'indéfini [un], mais aussi les adjectifs demonstratif [ce] et possessifs [mon], [ton], [son], [notre], [votre], et [leur]. (Les crochets [ ] indiquent que le symbole là-dedans tient la place de toutes les diverses formes de ce morphème. Par exemple, [un] désigne *un, une, du, de la, de l'*, et *des*.) Pour toutes les formes des articles voir le Tableau 13.1.

Le syntagme nominal

Tableau 13.1
Les formes des articles

		Singulier	Pluriel	
L'article défini	[le]:	le /lE/	les /leZ/	masculin
		la /la/	les /leZ/	féminin
L'article indéfini	[un]:	un /yN/	des /deZ/	masculin
		une /yNE/	des /deZ/	féminin
		de[le] /dElE/	———	M ou F
L'article démonstratif	[ce]:	ce /sET/	ces /seZ/	masculin
		cette /sɛt/	ces /seZ/	féminin
Les articles possessifs	[mon]:	mon /mɔ̃N/	mes /meZ/	masculin
		ma /ma/	mes /meZ/	féminin
	[ton]:	ton /tɔ̃N/	tes /teZ/	masculin
		ta /ta/	tes /teZ/	féménén
	[son]:	son /sɔ̃N/	ses /seZ/	masculin
		sa /sa/	ses /seZ/	féminin
	[notre]:	notre /nɔtr/	nos /noZ/	masculin
		notre /nɔtr/	nos /noZ/	féminin
	[votre]:	votre /vɔtr/	vos /voZ/	masculin
		votre /vɔtr/	vos /voZ/	féminin
	[leur]:	leur /lœr/	leurs /lœrZ/	masculin
		leur /lœr/	leurs /lœrZ/	féminin

Ces quatre morphèmes complexes (ils ont plusieurs formes chacun) appartiennent à la même catégorie *article* parce qu'ils apparaissent toujours dans la même position devant le nom: en plus, on ne trouve jamais deux morphèmes de cette catégorie dans le même syntagme; devant chaque substantif il y a toujours une seule des formes du Tableau 13.1. La réécriture de l'article n'est pas pourtant un simple choix forcé entre ces quatre types de morphème.

Afin de bien décrire les fonctions du déterminant il faut préciser les différentes distinctions de sens qui constituent la détermination du nom. D'abord nous notons que les trois articles défini, démonstratif, et possessif signalent tous que le signifié du nom ainsi déterminé est spécifié. Les syntagmes *cette fleur, ton appartement,* et *la magnetophone* sont spécifiés dans le sens qu'ils ont tous référence à une chose bien identifiée et connue du locuteur (et probablement de l'auditeur). Par contre, dans un syntagme comme *un tapis*, l'article *un* annonce exactement le contraire. Il peut être question de n'importe quel tapis; un tapis particulier n'est pas spécifié. Le locuteur parle d'un membre quelconque de la classe *tapis*. Nous aurons donc à écrire nos règles de façon à préciser si l'article est **spécifiant** ou **non-spécifiant**.

Il faut noter aussi que les articles [le] et [un] ne désignent pas toujours des objets ou des êtres nommés par le substantif. Il se peut qu'ils indiquent la classe entière des choses nommées. C'est bien le cas dans les phrases (1-4).

(1) Il aime *le* vin.

(2) *Les* voitures coûtent chèr.

(3) *Un* homme est mortel.

(4) *Une* souris mange *du* fromage.

Il est clair que le substantif qui suit [le] ou [un] se prête à deux interprétations, il peut être pris au sens **générique** (nom de la classe entière) ou au sens particulier (nom des représentants de la classe). Cette ambiguïté n'existe pas pour [ce] et [mon], qui ont toujours un sens particulier. L'interprétation générique n'est valable que pour les articles défini et indéfini.

Ces trois catégories sémantiques de la détermination, spécifiant, non-spécifiant, et générique, sont incorporés dans l'expansion de l'article.

$$\text{Art} \longrightarrow \begin{Bmatrix} \text{Spécifiant} \\ \text{Non-spécifiant} \\ \text{Générique} \end{Bmatrix}$$

$$\text{Spécifiant} \longrightarrow \begin{Bmatrix} [\text{le}] \\ [\text{ce}] \\ \text{Possessif} \end{Bmatrix}$$

$$\text{Possessif} \longrightarrow \begin{Bmatrix} [\text{mon}] & [\text{notre}] \\ [\text{ton}] & [\text{votre}] \\ [\text{son}] & [\text{leur}] \end{Bmatrix}$$

$$\text{Non-spécifiant} \longrightarrow [\text{un}]$$

$$\text{Générique} \longrightarrow \begin{Bmatrix} [\text{le}] \\ [\text{un}] \end{Bmatrix}$$

13.4.2 Le préarticle

Le seul élément du déterminant qui précède l'article exprime toujours une quantité. Le préarticle est soit le mot [tout], qui signifie une quantité absolue, soit un morphème de quantité relative: *beaucoup, peu, la plupart, un verre, deux,* etc. Les morphèmes de quantité relative sont obligatoirement suivis de la préposition *de*. Ces faits du préarticle sont expliqués par les règles de réécriture suivantes:

$$\text{PréArt} \longrightarrow \begin{Bmatrix} \text{[tout]} \\ \text{Quant R + de} \end{Bmatrix}$$

$$\text{Quant R} \longrightarrow \begin{Bmatrix} \text{SAdv-quantité} \\ \text{SN-quantité} \\ \text{Cardinal} \end{Bmatrix}$$

SAdv-quantité ⟶ {beaucoup, trop, peu, assez, plus, moins, etc.}

SN-quantité ⟶ {la majorité, la plupart, un verre, un kilo, etc.}

Cardinal ⟶ {un, deux, trois...l'infini}

Ces règles nous donnent des syntagmes comme: *tous les skieurs* ou *toute la ville* et *beaucoup de culot* ou *peu de gens*. Les deux derniers de ces syntagmes n'ont pas d'article, quoique notre réécriture de D spécifie que l'article est obligatoire. Il n'y a pas d'article à la surface, mais nous devons en supposer un dans la structure profonde. Les séquences terminales de ces deux syntagmes sont donc:

[beaucoup] [de] [de] [le] [culot]

[peu] [de] [de] [le] [gens]

Ces séquences peuvent être transformées en la structure superficielle nécessaire par l'application d'une règle qui effacera tout article qui contient la forme *de* chaque fois qu'il apparaît après la préposition *de*. (Nous aurons besoin de cette transformation pour chaque occurrence de *du, de la,* et *des* après la préposition *de*, pas seulement après les adverbes de quantité.) Parce que ces articles effacés sont connus par le terme *partitif* nous donnons ce nom à cette règle transformationelle.

Transformation Partitive:

X   dE   dE+   lE   Y

1   2   3   4 ⟹ 1, 2, 0, 4

13.4.3 Le postarticle

Les éléments qui occupent la place tout de suite après l'article sont les nombres cardinaux, les adjectifs indéfinis et les deux mots *tel* et *certain*. Ces deux derniers mots sont traditionnellement inclus parmi les adjectifs indéfinis, mais ils ont un sens et une syntaxe un peu différents. Aucun de ces postarticles ne peuvent apparaître ensemble, et ils ont en commun la fonction de désigner un substantif comme non-spécifié. C'est un trait sémantique qu'ils partagent avec l'article [un].

Nous avons déjà vu que les constituants du préarticle et de l'article ont des rapports sémantiques structurés. Il y a une petite hiérarchie de distinctions déterminatives. Cette structure existe aussi parmi les constituants du postarticle. Tous les postarticles sont non-spécifiants; un certain individu de la classe des signifiés n'est pas précisé. Et la plupart des postarticles designent n'importe quels membres de cette classe. C'est le cas des deux syntagmes *deux crayons* et *plusieurs cigarettes*, par exemple. Il y a pourtant deux postarticles qui déterminent des individus particuliers de la classe, sans pourtant les spécifier. Ce sont les deux mots *tel* et *certain*. Dans le syntagme *une certaine page*, par exemple, il s'agit d'une page particulière, mais nous ne savons pas laquelle. Notre première règle pour l'expansion du postarticle doit donc distinguer entre *tel* et *certain* qui ont le sens de particulier et tous les autres qui n'ont pas ce sens. Nous proposons les règles suivantes:

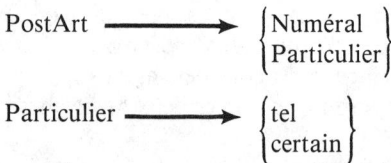

A la catégorie de tous les postarticles non-particularisants nous avons donné le nom **Numéral** parce qu'elle a souvent la fonction de déterminer le nombre, précis ou non-précis, des choses. En effet, nous avons besoin de diviser les numéraux entre le **Cardinal** qui exprime un nombre exacte (*deux crayons*) et l'**Indéfini** qui signale que le nombre des choses reste imprécis (*plusieurs cigarettes*). Nous réécrivons donc le Numéral comme suit:

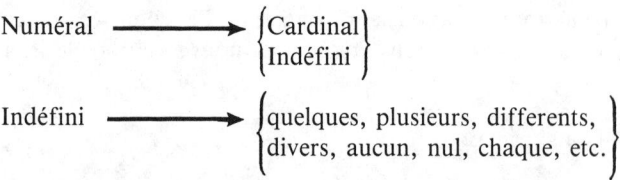

La catégorie Cardinal à déjà été réécrit comme un constituant du préarticle; elle a la même réécriture ici. Que le Cardinal est à la fois préarticle et postarticle est evident dans les syntagmes comme *trois des cinq membres*.

Puisque l'article [un] et les postarticles déterminent tous les deux un substantif comme non-spécifié, il n'est pas nécessaire de garder les deux dans le même syntagme. Donc chaque fois que [un] est suivi d'une formative dominée par Postarticle dans une séquence terminale, le [un] est effacé par une transformation que nous appellerons indéfinie.

Transformation Indéfinie:

$$X \quad [un] \quad \text{Postarticle} \quad Y$$
$$1 \quad 2 \quad 3 \quad 4 \Longrightarrow 1, \emptyset, 3, 4$$

Cette transformation ne s'applique pas toujours à des postarticles *tel* et *certain*, qui sont issus de Particulier. *Tel*, au pluriel, garde l'article *de* précédent: *telle idée*, mais *de telles idées*; et *certain*, au singulier, maintient le *un* précédent: *une certaine page*, mais *certaines pages*.

13.4.4 Identité
Il n'y a que deux mots qui puissent s'insérer entre le postarticle et le substantif. Ce sont *même* et *autre*. Ils notent simplement si le substantif est identique à une chose déjà connue, ou s'il est différent. Notre règle de réécriture est la suivante:

$$\text{Identité} \longrightarrow \begin{Bmatrix} \text{même} \\ \text{autre} \end{Bmatrix}$$

13.5 Le syntagme adjectival
Le syntagme adjectival a apparu la première fois comme un constituant du syntagme verbal. C'était un des syntagmes éventuels après le copule. Il réapparaît maintenant comme le dernier constituant du syntagme nominal et le seul de ce syntagme qui soit facultatif. Il est commun en linguistique générative d'engendrer cette seconde manifestation du syntagme adjectival indirectement par la réduction d'une proposition relative. *Le ciel bleu*, par exemple, est dérivé de *le ciel qui est bleu*. Qu'il soit engendré ainsi ou comme un constituant direct du SN, l'expansion du syntagme adjectival est la même.

Ce syntagme a comme tête un adjectif (Adj), tiré du lexique: *grand, content, méchant*, etc. Certains adjectifs sont précédés facultativement d'un adverbe de degré (Adv_{deg}): *très grand, bien bleu*, etc. Enfin certains peuvent être suivis d'un complément en forme de syntagme prépositionnel (SP): *content de sa vie, apte à ce métier*. Nous introduisons ces trois constituants par la règle syntagmatique suivante:

$$\text{SAdj} \longrightarrow (Adv_{deg}*) \quad \text{Adj} \quad (\text{SP})$$

13.5.1 L'adverbe de degré

Cet adverbe a la fonction de renforcer le sens d'un adjectif qualificatif. Dans le syntagme *très content* le degré de contentement est supérieur à celui exprimé par le simple adjectif *content*. Ces adverbes de degré sont souvent, mais pas toujours des monosyllabes. Ils viennent du lexique.

$$\text{Adv}_{deg} \longrightarrow \{\text{très, trop, bien, fort, etc.}\}$$

En plus, l'adverbe de degré peut se répéter pour augmenter la force de la qualité de l'adjectif. Itératif dans les syntagmes comme *très, très méchant* ce symbole est marqué par un astérisque dans la règle qui réécrit SAdj.

13.5.2 L'adjectif

Le symbole catégoriel Adj, seul constituant obligatoire du syntagme adjectival, sera remplacé par des mots du lexique.

$$\text{Adj} \longrightarrow \{\text{rouge, pure, petit, laid, etc.}\}$$

En plus de ces adjectifs simples on trouve aussi des adjectifs dérivés: *capable, joyeux, traditionnel*, etc. Les participes passé et présent sont parfois insérés comme des adjectifs: *un professeur bien instruit* et *une intonation montante*. Des adjectifs dérivés des substantifs (*économie* ➔ *économique, France* ➔ *français*, etc.) expriment une relation du nom modifié au lieu de sa qualité, de sorte que leur syntaxe est un peu différente de celle des adjectifs de qualité. Ils n'acceptent pas les adverbes de degré, et ils ne peuvent jamais précéder le nom dans le syntagme. Ainsi les groupes de mots suivants ne sont pas grammaticaux: **la situation très économique* et **l'économique situation*.

13.5.3 Le complément de l'adjectif

Le syntagme prépositionnel facultatif qui suit l'adjectif dans le syntagme fonctionne comme son complément. C'est qu'il sert à compléter ou préciser le sens de l'adjectif. Dans le syntagme *cette femme fière de son succès* nous comprenons que son sentiment de fiérité est bien spécifique. Le même syntagme moins ce complément, *cette femme fière*, a un sens beaucoup plus général. Tous les adjectifs de ce type seront marqués dans le lexique par un trait syntaxique [+ complément]. Cette caractéristique des adjectifs à prendre ou ne pas prendre un complément est similaire à la distinction entre les verbes transitifs et non-transitifs.

13.5.4 Le déplacement de l'adjectif

Bien que nous ayons engendré tous les adjectifs du syntagme nominal dans la position finale du syntagme, certains d'entre eux (*petit, jeune, bon,* par exemple) apparaissent normalement devant le nom. Et beaucoup d'autres peuvent s'y trouver, soit pour souligner la force de l'adjectif, soit pour exprimer un sens figuratif. Ce sont les cas de *l'extraordinaire aventure, une charmante soirée* et *un pauvre garçon, une grande dame.*

Ce qu'il nous faut pour engendrer ces adjectifs préposés est une transformation de déplacement qui sera déclenchée par un trait syntaxique de l'adjectif [+ préposable]. Pour certains adjectifs marqués de ce trait l'application de la règle sera obligatoire, et pour d'autres elle sera facultative. Voici la règle:

Transformation—Déplacement de l'adjectif

X	N	(Adv$_{deg}$)	Adj	Y
			[+ préposable]	
1	2	3	4	5 $\Longrightarrow$ 1, ∅, 3, 4, 2, 5

13.6 L'accord dans le syntagme nominal

Le genre du nom, marqué dans le lexique, et le nombre, engendré dans la structure profonde, doivent s'attacher au préarticle *tout*, à l'article, à certains postarticles, et aux adjectifs. En principe cette règle s'applique à tous les postarticles et à l'identité, mais la forme de surface n'est pas changée par la présence du E latent, par exemple, *quelques, plusieurs, autre, même.*Cette affixation se fait en deux étapes; l'attachement du genre précède celui du nombre.

Transformation—Accord du genre

W	(tout)	Art	(PostArt)	(Identité)	N	X	(Adj)	Y
					[+ féminin]			
1	2	3	4	5	6	7	8	9 $\Longrightarrow$
1,	2+E,	3+E,	4+E,	5+E,	6+E,	7,	8+E,	9

Cette transformation ajoute un E latent à tous les constituants d'un syntagme nominal dont la tête est un nom [+ féminin]. Les éléments entre parenthèses de cette règle sont facultatifs dans le sens que la condition structurale nécessaire à l'application de la transformation est acceptée avec ou sans cet élément. Evidemment un élément facultatif absent de l'analyse structurale ne fait pas partie du changement. Dans le cas d'un substantif masculin la séquence terminale ne peut pas remplir les conditions nécessaires à l'application de cette règle, et aucun affixe n'est introduit par cette règle.

La transformation de l'accord du nombre est similaire et s'applique après celle de l'accord du genre. Déclenchée par la présence d'un Z latent au début du syntagme nominal, cette règle attache ce même son à tous les éléments du syntagme, sauf à ceux de la quantité relative, du Adv$_{deg}$, et du SP. Si un E latent est déjà présent, par conséquent de l'accord du genre, le Z s'attache après le E. Le préarticle *tout*, par exemple, dans sa forme féminine et plurielle sortirait des deux transformations de l'accord comme *tout.E.Z.*

Transformation—Accord du nombre

Z	(tout)	Art	(PostArt)	(Identité)	N	X	(Adj)	Y
1	2	3	4	5	6	7	8	9 $\Longrightarrow$
∅	2+Z,	3+Z,	4+Z,	5+Z,	6+Z,	7,	8+Z,	9

La dérivation du syntagme *toutes les écoles professionelles* servira à illustrer l'application des deux règles de l'accord.

Séquence terminale: Z   tout   le école   professionnel
                                        [+ fem]

T-Accord du genre: Z tout.E le.E école.E professionnel.E

T-Accord du nombre: tout.E.Z le.E.Z école.E.Z professionnel.E.Z

Ensuite les règles phonologiques convertiront ces formatives en formes phonétiques.

Le syntagme nominal

Exercice 13.1
Dessinez un arbre structural pour chaque syntagme nominal.

le chaperon rouge   les leçons difficiles

cette voiture neuve   mes frères ainés

Exercice 13.2
Indiquez les valeurs des traits syntaxiques suivants pour chaque substantif.

$$[+ \text{ ou } - \text{ féminin}] \quad [+ \text{ ou } - \text{ personnel}] \quad \left[\begin{array}{l} +1^{re} \\ +2^{me} \\ +3^{me} \end{array} \text{ personne} \right]$$

femme

on

père

Québec

je

Mathieu

eux

Afrique

vous

Anne-Marie

Les phrases du français

Exercice 13.3
   Dessinez l'arbre structural des syntagmes suivants.

toute sa vie   beaucoup d'argent

une autre fontaine   le même arbre

ces trois autres clés   chaque personne

trois piétons   deux des onze joueurs

un certain sourire   de telles histoires

Le syntagme nominal

Exercice 13.4
Donnez la séquence terminale de chaque syntagme et montrez les changements dans cette séquence causés par les transformations appropriées.

a. l'espace vert

b. leur fils unique

c. un élève très intelligent

d. cette jolie jeune fille

e. tous les cadres contents de leur salaire

f. ces belles histoires passionnantes

g. une mère bien aimée de ses enfants

Chapitre 14
Le syntagme temporel

Après le syntagme nominal le prochain constituant principal du symbole P est appelé ici le syntagme temporel. Ce terme correspond au symbole catégoriel nommé auxiliaire dans la plupart des grammaires génératives. Le nom syntagme temporel est employé parce qu'il reflète mieux l'importance de cet élément dans la phrase. C'est un constituant sœur des syntagmes nominal et verbal (ils dépendent tous du même symbole). Ce nom a aussi le mérite d'éviter une confusion terminologique avec les verbes auxiliaires.

C'est donc le syntagme temporel (ST) qui domine dans l'arbre structural l'ensemble de ces éléments de la phrase qui touchent à la conjugaison du verbe. Ces constituants directs ou indirects incluent les signes du temps, de la personne-nombre, des verbes aspectuels, des verbes auxiliaires et modaux, et même les symboles de la négation et du passif.

Les rapports entre tous ces constituants sont assez complexes. Par conséquent, leur engendrement demande, un ensemble de règles syntagmatiques et transformationnelles de la même complexité. Dans l'analyse présentée ici les symboles catégoriels qui représentent les éléments temporels sont tous engendrés par des règles syntagmatiques, sauf la désinence verbale de personne-nombre. Celle-ci s'introduit par une transformation de l'accord entre cette terminaison et la personne et le nombre du syntagme nominal qui a la fonction de sujet. La règle syntagmatique qui est à la base de l'engendrement du syntagme temporel et ses sous-constituants a la forme suivante:

$$ST \longrightarrow (Nég) \begin{Bmatrix} T \\ Asp \end{Bmatrix} (M) \quad (Passif)$$

Dans cette règle **T** veut dire **temps**, **Asp** représente **aspect**, **M** symbolise **modal**, et **Nég** et **Passif** sont des symboles qui serviront à déclencher les transformations négative et passive.

Tous les paragraphes de ce chapitre sont consacrés à l'explication et au développement des éléments de cette règle fondamentale.

14.1 L'expansion du temps (T)

Le symbole T, constituant immédiat et obligatoire du ST servira à engendrer les cinq temps simples et leurs temps composés correspondants. Si ces cinq temps simples sont regroupés selon le radical utilisé: présent, futur, ou passé, et si les temps composés ont leur origine dans le symbole parfait (Pft), le symbole T se réécrit selon la règle syntagmatique suivante:

$$T \longrightarrow \begin{Bmatrix} Tel \\ Fut \\ Passé \end{Bmatrix} (Pft)$$

14.1.1 Les temps simples

Le symbole *Tel* est une abbréviation des mots *temps élémentaires*, le terme choisi de désigner les trois temps simples qui partagent le même radical du présent: le présent, le présent du subjonctif, et l'imparfait. (Le terme présent, qui serait préféré, ne convient pas au sens de l'imparfait.) D'une façon similaire nous regroupons le futur et le conditionnel sous l'étiquette *Fut* (futur) parce que ces deux temps emploient le radical du futur. Le passé simple, le seul temps de se servir du radical du passé, est représenté ici par le symbole *passé*.

La sélection d'une de ces catégories de temps engendra un des temps simple. On précise lequel par les règles suivantes:

$$\text{Tel} \longrightarrow [+ \text{prés}] \begin{Bmatrix} \emptyset \\ e \\ E \end{Bmatrix}$$

$$\text{Fut} \longrightarrow [+ \text{fut}] \begin{Bmatrix} \emptyset \\ e \end{Bmatrix}$$

$$\text{Passé} \longrightarrow [+ \text{passé}] \quad a/i$$

Dans ces règles les signes [+ prés], [+ fut], et [+ passé] ne sont pas des formatives, mais des traits syntagmatiques qui marquent quel radical du verbe doit être sélectionné. Par exemple, le choix de [+ prés]∅ et le verbe [lire] dans le SV établit que le radical du présent du verbe, /liZ/, sera suivi de la désinence ∅. La combinaison de [+ prés]e engendre l'imparfait, tandis que ce même radical plus E donne le présent du subjonctif. Le futur est engendré en choisissant [+ fut]∅, et le conditionnel vient de [fut]e. Le passé simple prend le trait [+ passé] et la voyelle *a* ou *i* selon le verbe. (La barre / indique un choix obligatoire entre les deux éléments séparés dans les cas où le choix est déterminé par le contexte et ne représente aucune distinction sémantique.)

14.1.2 Les temps composés

Si après avoir engendré un de ces temps simples on choisit aussi le parfait facultatif, le résultat est un des temps composés. Le présent plus parfait donne le passé composé, l'imparfait et le parfait créent le plus-que-parfait, etc.

Afin d'engendrer les formes de ces temps le symbole Pft est réécrit selon la règle suivante:

$$\text{Pft} \longrightarrow \text{avoir/être} \quad \text{PP}$$

Le choix entre les verbes auxiliaires *avoir* et *être* dépend du verbe qui le suit dans la séquence terminale. Les verbes qui prennent l'auxiliaire *être* seront marqués d'un trait [+ être] dans l'entrée lexicale. Le symbole PP est la désinence du participe passé (C'est un affixe et non le participe lui-même). Il est réécrit donc par le trait [+ passé], qui indique le radical verbal exigé, et par les cinq désinences participiales. Ainsi la règle:

$$PP \longrightarrow [+ \text{ passé}] \quad e/i/y/T/Z$$

Le choix entre ces cinq désinences éventuelles est déterminé par le verbe qui suit le PP dans la séquence terminale. Une de ces désinences sera attachée à ce verbe par la transformation affixe. Dans le Chapitre 11 nous avons déjà vu comment la terminaison nécessaire sera notée dans l'entrée lexicale du verbe.

14.1.3 Le passé surcomposé

Il existe en plus un temps du verbe qui utilise le passé composé du verbe auxiliaire *avoir* ou *être* devant le participe passé du verbe. Ce temps apparaît dans les phrases comme,

(1) Quand il *a eu mangé*, il est sorti.

Ce passé surcomposé semble être un substitut oral du passé antérieur (passé simple de l'auxiliaire plus le participe passé). Etant donné cette fonction nous engendrons ce temps en modifiant la règle du Passé:

$$\text{Passé} \longrightarrow \begin{Bmatrix} [+ \text{ passé}]a/i \\ [+ \text{ prés}]\emptyset \quad \text{Pft} \end{Bmatrix}$$

14.2 Les semi-auxiliaires de l'aspect

Dans la règle du syntagme temporel il y avait un choix entre le temps (T) et l'aspect (Asp). Ce dernier symbole représente la catégorie de ces locutions verbales qui, suivies de l'infinitif, expriment le déroulement, le commencement, ou l'achèvement de l'action: *aller, venir de, être sur le point de*, par exemple. Parce que ces verbes d'aspect apparaissent seulement avec les trois temps élémentaires, jamais avec les autres temps simples, ni avec les temps composés, il faut les engendrer séparément du T. Si nous donnons le nom **verbe aspectuel** (Va) à cette petite catégorie de verbes nous avons les règles:

$$\text{Asp} \longrightarrow \text{Tel Va Inf}$$

$$\text{Va} \longrightarrow \begin{Bmatrix} \text{aller} \\ \text{venir de} \\ \text{être en train de} \\ \text{être sur le point de} \\ \text{commencer à} \\ \text{finir de} \end{Bmatrix}$$

Le symbole Inf désigne l'affixe de l'infinitif, qui s'attachera au radical du verbe suivant par la transformation affixe. Ce symbole est réécrit par la règle suivante:

$$\text{Inf} \longrightarrow [+ \text{prés}] \text{ eR/ir/r/war}$$

Pareil aux affixes du participe passé le choix entre ces quatre désinences dépend du verbe et doit être marqué dans son entrée lexicale.

14.3 Le modal (M)

L'expansion du constituant modal est similaire à celle de l'aspect dans le sens qu'elle introduit un verbe et l'affixe de l'infinitif. Elle diffère par le fait que tous les temps simples et composés peuvent s'employer avec le verbe modal. Même un verbe aspectuel peut précéder le modal: *il va pouvoir le faire*, par exemple.

La classe des verbes modaux est très limitée en français. Il n'y a que *pouvoir* et *devoir* dans cette catégorie de verbes qui expriment les modalités logiques de nécessité et possiblité. La règle modale est donc la suivante:

$$M \longrightarrow \begin{Bmatrix} \text{pouvoir} \\ \text{devoir} \end{Bmatrix} \text{ Inf}$$

14.4 Le négatif

Bien que le négatif n'ait pas un sens temporel, il est inclu dans le syntagme temporel parce qu'il est étroitement lié avec le verbe conjugué, ce qui est le domaine du ST. D'une manière similaire à l'affixation des désinences de temps et de personne la négation fait précéder le premier verbe de la phrase par le mot *ne*.

Il convient dans cette analyse de distinguer entre la **négation générale** où l'idée exprimée par la phrase entière est rendue négative et la **négation localisée** où le sens négatif est attaché à un syntagme spécifique de la phrase.

14.4.1 La négation générale
Une phrase négative comme (2),

(2) Yves ne conduit pas la voiture.

nous démontre que la négation générale consiste en l'insertion du mot *ne* devant le verbe conjugué et du mot *pas*, ou un des autres mots de négation générale, tout de suite après ce verbe. Nous engendrons ces signes négatifs par les règles syntagmatiques suivantes:

$$\text{Nég} \longrightarrow \text{ne Pas}$$

$$\text{Pas} \longrightarrow \{\text{pas, plus, point, guère}\}$$

Le syntagme temporel

Par la règle de l'expansion du ST ces deux constituants *ne* et *Pas* se trouveront devant l'affixe du temps dans la suite terminale. C'est exactement où nous voulons *ne* (l'application de la transformation affixe le laissera directement devant le verbe), mais il faudra la règle transformationnelle suivante pour déplacer le constituant de Pas.

Transformation—négation générale:

X	SN	ne	Pas	af	V	Y		
1	2	3	4	5	6	7	⟹	1, 2, 3, ∅, 5, 6, 4, 7

Cette règle ne fait que transporter le mot négatif dominé par Pas à sa position de surface après le verbe conjugué.

La dérivation de la phrase (2) servira à illustrer l'application de cette transformation. Cette phrase a la structure profonde suivante:

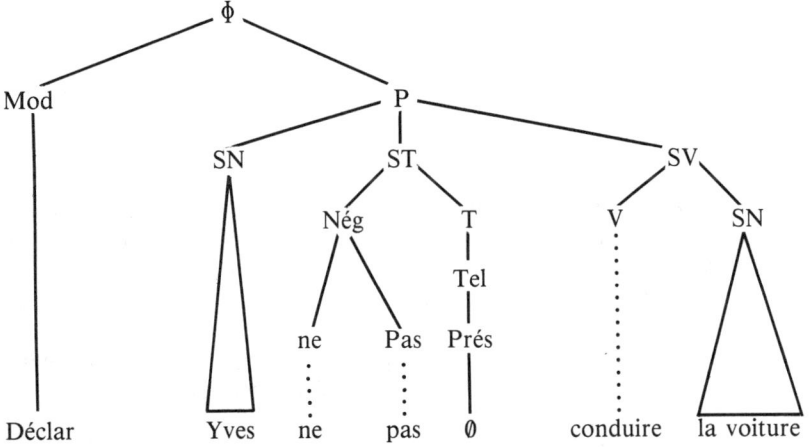

Cette séquence terminale conforme à la description structurale de la transformation négative générale et subit donc son changement obligatoire.

Déclar	Yves	ne	pas	∅	conduit	la voiture	
1	2	3	4	5	6	7	⟹
Déclar	Yves	ne	∅	conduit	pas	la voiture	
1	2	3	5	6	4	7	

Les transformations déclarative et affixe s'appliqueront ensuite et complèteront la dérivation.

Cette même transformation de négation générale est toujours valable lorsque la phrase a la modalité interrogative ou impérative. Il s'agit simplement d'appliquer la transformation négative avant celle de la modalité, exactement comme nous avons fait dans la dérivation de la phrase (2). Cet ordre d'application des règles est nécessaire. Dans le cas de l'interrogative un ordre inverse donnerait la séquence (3), qui est non-grammaticale.

    (3)   *Yves ne conduit pas il la voiture.

Dans le cas de l'impérative l'ordre inverse effacerait le syntagme nominal sujet qui est nécessaire aux conditions structurales pour la transformation négative; ainsi la dérivation serait bloquée.

14.4.2 La négation localisée

La transformation négative générale engendre bien tous les cas de la négation générale, mais elle ne réussit pas à produire les phrases où la négation est un trait lexical d'un adverbe ou d'un syntagme nominal. Considérons les phrases (4-6),

    (4)   Yves ne conduit *jamais*.

    (5)   Je ne connais *personne* ici.

    (6)   *Aucun* train n'est arrivé.

Le mot *jamais* de la phrase (4) est simultanément un adverbe de temps et un adverbe négatif. Dans la phrase (5) le mot *personne* est un nom négatif. (Le mot *rien* appartient à cette même catégorie.) *Aucun* de la phrase (6), ainsi que son synonyme *nul*, est un déterminant négatif qui marque le syntagme nominal dont il fait partie avec le trait [+ négatif].

Evidemment ces adverbes et ces syntagmes nominaux négatifs ont leurs origines dans le lexique. Ils sont introduits dans la structure profonde par les règles de l'insertion lexicale. Dans les phrases (4-6) où il y a un de ces mots à trait [+ négatif] nous trouvons toujours le mot *ne* devant le verbe, mais le *pas* de la négation générale n'y apparaît pas. Nous pouvons bien rendre compte de ces phrases par une règle qui insère ce *ne* dans les séquences terminales dont une formative quelconque porte le trait [+ négatif]. Distincte de la transformation négative générale, cette règle est déclenchée par le trait négatif du mot au lieu du symbole Nég du syntagme temporel. Cette transformation qui insère le *ne* a la forme suivante:

Transformation—Insertion de *ne*:

    X   SN   af   V   Y

    1   2   3   4   5 $\Longrightarrow$ 1, 2, ne, 3, 4, 5

Condition: un des mots de la séquence terminale est marqué du trait [+ négatif].

Le syntagme temporel

Par moyen de cette règle la phrase (4) recevra son *ne*. Voici sa dérivation:

Déclar	Yves	∅	conduit	jamais [+ négatif]
1	2	3	4	5 ⟹

Déclar	Yves	ne	∅	conduit	jamais
1	2	3	4	5	

Il faut noter que les mots *rien* et *jamais* ont deux positions possibles dans les phrases où il y a un verbe à un temps composé. Dans les phrases (7-10) nous voyons qu'ils peuvent apparaître avant ou après le participe passé.

(7) Il n'a vu rien.

(8) Il n'a rien vu.

(9) Il ne l'a vu jamais.

(10) Il ne l'a jamais vu.

Puisque ces mots se trouvent après ce participe dans la structure profonde nous avons besoin d'une transformation de déplacement facultative. La règle suivante transportera ces mots comme il faut.

X	PP	verbe	{jamais, rien}	Y	
1	2	3	4	5 ⟹	1, 4, 2, 3, 0, 5

14.5 Le passif

La présence du Passif dans la séquence terminale demande l'insertion de plusieurs mots fonctionnels et un changement radical dans l'ordre des formatives. Les déplacements se font par moyen d'une règle de transformation; les mots fonctionnels sont introduits par la réécriture de la formative Passif.

Passif ⟶ être + PP + Prép-P

Prép-P ⟶ {par, de}

Les phrases du français

Le choix entre les prépositions passives *par* et *de* n'est pas libre. *Par* est toujours grammatical, et *de* ne peut se substituer à lui que dans le seul cas où le syntagme nominal qui dépend directment de P (le sujet de la structure profonde) désigne un être humain.

Le Passif est le dernier élément de l'expansion du syntagme temporel parce que les constituants du Passif se trouvent toujours devant le verbe principal dans la séquence terminale. Afin de voir les déplacements complexes de la transformation passive considérons la phrase (11):

(11) Ce pont a été construit par les Romains.

Cette phrase passive suppose une structure et une séquence terminale comme suit:

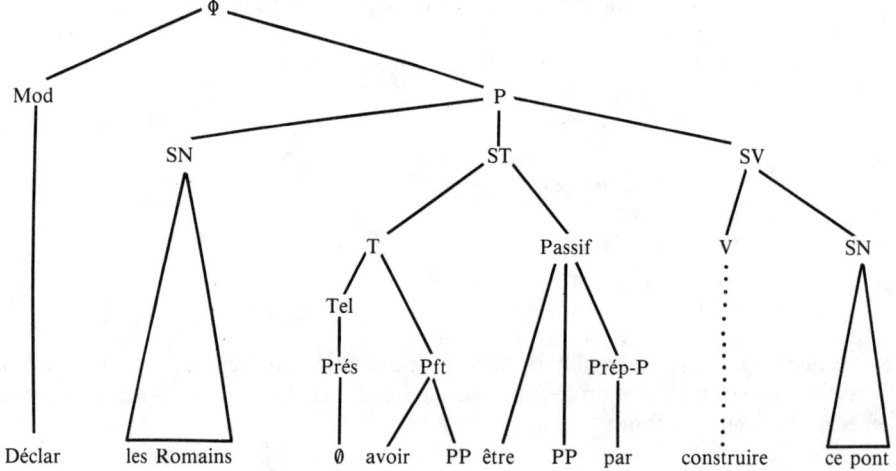

Afin de convertir cette séquence à la structure de surface de la phrase (11) une transformation doit mettre *par* et le SN-sujet après le verbe et transporter le SN-complément devant le syntagme temporel. Ces mouvements peuvent être formalisés par la règle suivante:

Transformation—Passive:

X	SN	Y	être	PP	Prép-P	V	SN	Z
1	2	3	4	5	6	7	8	9
1,	8,	3,	4,	5,	7,	6,	2,	9

⟹

Parce que la déscription structurale de cette transformation demande un SN après le verbe son application est forcément limitée aux verbes transitifs, ceux qui acceptent un complément.

14.6 L'accord de la personne-nombre

Comme nous avons déjà mentionné dans le paragraphe 13.3 et au début de ce chapitre, chaque verbe conjugué a un suffixe qui s'accorde en personne et en nombre avec le sujet. Rappelons que la forme verbale a la structure suivante:

$$\text{radical} + \text{temps/mode} + \text{personne/nombre}$$

Il nous faut une règle qui attachera le bon suffixe de personne-nombre. Cet attachement est complexe et difficile à formaliser complètement parce que la désinence de personne-nombre varie selon le contexte. Nous n'engendrons par règle explicite qu'une partie de ce processus.

La sélection du suffixe de personne-nombre se fait en trois étapes: (1) la détermination de la personne et du nombre du syntagme nominal qui précède le verbe conjugué dans la structure de surface, (2) la spécification du temps verbal, et (3) l'identification des traits de conjugaison notée dans l'entrée lexicale.

La première étape est réalisée par la règle transformationnelle de l'accord qui suit:

Transformation—Accord de personne-nombre

$$
\begin{array}{lllll}
W & SN & X & \text{verbe-temps} & Y \\
  & \begin{bmatrix} \alpha \text{ personne} \\ \beta \text{ pluriel} \end{bmatrix} & & & \\
1 & 2 & 3 & 4 & 5 \Longrightarrow \\
\\
1, & 2, & 3, & 4 + \text{P-N} & 5 \\
  & & & \begin{bmatrix} \alpha \text{ personne} \\ \beta \text{ pluriel} \end{bmatrix} &
\end{array}
$$

Le symbole P-N signifie le suffixe de personne-nombre. Les lettres grecques α et β veulent dire le même signe dans les deux cas. Si α symbolise + sous le SN, il est toujours + sous le P-N. Cette règle s'appliquera après la transformation affixe de sorte qu'elle vienne sûrement après la mise en position du sujet de la structure de surface. Ainsi la désinence du temps verbal est déjà située après le verbe dans les conditions structurales de cette règle (voir l'item 4, *verbe-temps*).

En présentant toutes les désinences de personne-nombre de la langue dans la matrice de la Figure 14.1, nous voyons que la transformation de l'accord de personne-nombre a comme résultat de spécifier le rang horizontal où se trouve la bonne terminaison; resté à spécifier la colonne. Cette spécification-ci dépend d'abord du temps engendré dans l'indication syntagmatique, et deuxièmement des traits de conjugaison signalés dans l'entrée lexicale du verbe: E ou Z dans le temps présent, et i ou a dans le passé simple. Nous n'essayerons pas de formaliser les règles par lesquelles ces contextes de temps et de trait de conjugaison feront choisir la désinence grammaticale. Ces règles

Les phrases du français

ressembleront sans doute aux règles d'insertion lexicale, que nous n'avons pas présentées ici.

Figure 14.1

*temps verbal et
trait de conjugaison*

	prés(E) prés du subj	prés(Z) impft cond	fut	passé(i)	passé(a)
nous	ɔ̃Z	ɔ̃Z	ɔ̃Z	mZ	mZ
vous	eZ	eZ	eZ	tZ	tZ
ils	ET	ET	ɔ̃T	rT	rT
je	E	Z	e	Z	∅
tu	EZ	Z	aZ	Z	Z
il	E	T	a	T	∅

Les désinences verbales de personne-nombre

Exercice 14.1.
Dessinez l'arbre structural des formes verbales suivantes.

ils chantèrent					(quand) il a eu fini

nous parlerons					tu es en train de travailler

(que) vous pensiez				elles allaient danser

elle a décidé					nous aurions dû réfléchir

j'avais écrit					il pourra arriver

Les phrases du français

Exercice 14.2
Donnez la séquence terminale de chaque phrase et indiquez les changements apportés par les transformations négatives.

Pierre n'a pas compris.   Aucun étudiant n'a compris.

Il ne comprend jamais.   Le spectateur n'a rien vu.

Il ne peut plus comprendre.   Il n'a jamais vu personne.

Personne ne peut comprendre.   Je ne comprends plus rien.

Exercice 14.3
Donnez la séquence terminale de chaque phrase et indiquez les changements dans la séquence terminale apportés par les transformations.

Des fruits sont vendus par le marchand.

La tartine a été mangée par le petit.

Philippe n'était pas accompagné de sa femme.

La ville doit être reconstruite par les habitants.

Chapitre 15
Le syntagme verbal

Des trois syntagmes principaux du noyau de la phrase, le syntagme verbal est le moins complexe. Nous avons vu aussi sa règle syntagmatique de base dans le Chapitre 12. Elle avait la forme:

$$SV \longrightarrow \left\{ \begin{array}{l} Cop \left\{ \begin{array}{l} SN \\ SAdj \\ SAdv \end{array} \right\} \\ V \quad (SN) \end{array} \right\}$$

Nous avons déjà vu le développement de la plupart des symboles catégoriels qui apparaissent au côté droit de cette règle. Dans ce chapitre nous n'avons qu'à préciser davantage les détails de cette esquisse du syntagme verbal.

15.1 Le copule et ses attributs

Puisque les copules n'existent dans la langue qu'en nombre très restreint, nous pouvons en introduire les principaux par la règle:

$$Cop \longrightarrow \{\text{être, devenir, rester, paraître, sembler}\}$$

Le premier verbe de cette liste, *être*, est de loin le plus commun des copules. Son sens est très général; si général et vague que sa fonction principale dans la phrase sera de porter les signes de temps et de personne-nombre. Les quatre autres verbes copules ont cette même fonction. Ils partagent un sens et une syntaxe similaires, mais en plus ils contribuent un élément de sens additionnel. *Devenir* exprime un état qui commence ou qui change. Il ajoute un sens inchoatif au verbe *être*. *Rester* souligne l'idée de continuation; il parle d'un état qui dure. Les deux verbes *paraître* et *sembler* introduisent le sens d'apparence. Ils suggèrent une différence éventuelle entre l'état véritable et l'état visible.

Les trois syntagmes nominal, adjectival, et adverbial qui peuvent suivre le copule sont des attributs du sujet. Ils l'identifient, le qualifient, ou spécifient son temps ou son lieu. Ainsi les phrases:

(1) Jeanne est un architecte.

(2) Elle est heureuse.

(3) Pierre est à la maison.

(4) Le match est samedi.

Il n'y a qu'un petit changement à la règle du syntagme verbal demandé par ces phrases. Le copule n'est pas suivi de n'importe quel adverbial, mais seulement de ceux qui expriment le lieu et le temps. Cette précision nous donne la règle partielle suivante:

$$SV \longrightarrow Cop \begin{Bmatrix} SN \\ SAdj \\ SAdv\text{-}l \\ SAdv\text{-}t \end{Bmatrix}$$

Les phrases composées d'un copule suivi d'un syntagme nominal à déterminant non-spécifié ont deux variations. Dans la phrase (1) l'article *un* est bien en place. Néanmoins la phrase (1a) est aussi grammaticale.

(1a)   Jeanne est architecte.

Ici cet article, présent dans la structure profonde, a été effacé. Nous avons donc besoin d'encore une autre transformation facultative qui efface l'article non-spécifié.

Transformation—Attribut non-spécifié:

$$\begin{array}{ccccc} X & \text{être} & [un] & N & Y \\ & & & [+\text{ humain}] & \\ 1 & 2 & 3 & 4 & 5 \end{array} \implies 1, 2, \emptyset, 4, 5$$

15.2 Le verbe et ses compléments

Les verbes du lexique qui ne sont pas des copules constituent le deuxième élément majeur de l'expansion du syntagme verbal. La syntaxe de ces verbes diffèrent beaucoup de celle des copules. Ils ne sont jamais suivis de SAdj, et le SN qui se trouve à cet endroit a de différents rapports structuraux avec les autres parties de la phrase. Ce SN est un complément du verbe au lieu d'un attribut du sujet. Le verbe peut être suivi aussi d'un complément secondaire, un deuxième SN introduit par les prépositions *à* ou *pour*. Finalement il y a la possibilité d'un adverbe de manière qui modifie l'action du verbe. L'incorporation des symboles catégoriels pour ces éléments du SV nous donne la règle structurale suivante:

$$SV \longrightarrow \begin{Bmatrix} Copule \begin{Bmatrix} SN \\ SAdj \\ SAdv\text{-}l \\ SAdv\text{-}t \end{Bmatrix} \\ V \;(SN) \quad (Prép + SN) \quad (SAdv\text{-}m) \end{Bmatrix}$$

Le syntagme verbal

Le symbole V est ensuite réécrit par un des verbes du lexique.

V ⟶ {travailler, couper, venir, donner, etc.}

Quand le verbe choisi n'accepte pas de SN compléments nous l'appelons un verbe intransitif. C'est le cas des phrases (5-6).

(5) Le Président Mittérand est venu dans la Concorde.

(6) Ils travaillent vite.

Les verbes qui prennent des compléments sont connus sous le nom de verbes transitifs. De tels verbes apparaissent dans les phrases (7-8).

(7) Nous avons coupé l'arbre.

(8) Nous l'avons coupé pour sa grand'mère.

Ces phrases nous démontrent qu'une phrase peut avoir un seul complément, ou les deux ensemble. Normalement un seul complément est celui qui suit le verbe directement sans préposition. C'est le cas de la phrase (7). Il y a pourtant des phrases comme (9) où le seul complément du verbe soit introduit par une préposition.

(9) Je parle à mon enfant.

Certains verbes prennent un complément facultatif. Dans la phrase (10), par exemple, un complément peut être exprimé ou non.

(10) Il lit (un livre).

Qu'un verbe accepte des compléments et que ces compléments éventuels suivent le verbe directement ou indirectement sont des caractéristiques idiosyncratiques de chaque verbe. Les renseignements sur ces possibilités doivent donc se trouver dans l'entrée lexicale du verbe.

Les phrases (5-6) ont tous les deux des syntagmes adverbiaux. Celui de (5), *dans la Concorde* est un adverbe de lieu qui s'introduit comme un constituant direct du P (voir paragraphe 12.4).

L'adverbe *vite* de la phrase (6) est d'une origine différente. C'est un **adverbe de manière** (SAdv-m) qui modifie le seul verbe. Il qualifie comment l'action du verbe s'est déroulé, et non l'idée de la phrase entière comme c'était le cas des autres syntagmes adverbiaux que nous avons vus. Ainsi le SAdv-m apparaît ici dans le syntagme verbal et non directement sous le noyau de la phrase.

Les phrases du français

Exercice 15.1.
Dessinez l'arbre structural des phrases suivantes.

Marie est très contente.

Il raconte vivement l'histoire à ses étudiants.

Elle travaille bien chez Renault.

Il parle souvent du Général de Gaulle.

Elle sera bientôt une directrice.

Rentrez à la maison à midi.

André-Pierre est professeur.

Nous déjeunerons ensemble.

Après le déjeuner nous ferons une promenade dans les bois.

Bibliographie

Bibeau, Gilles. (1975) *Introduction à la phonologie générative du français*, Studia Phonetica 9, Didier, Montréal, Paris, Bruxelles.

Carton, F. (1974) *Introduction à la phonétique du français*, Bordas, Paris, Bruxelles, Montréal.

Chevalier, Jean-Claude et al. (1964) *Grammaire Larousse du français contemporain*, Larousse, Paris.

Chiss, Jean-Louis, Jacques Filliolet et Dominique Maingueneau. (1977) *Linguistique française: initiation à la problématique structurale*, 2 tomes, Hachette, Paris.

de Cornulier, Benoit et François Dell, Dir. (1978) *Etudes de phonologie française*, Centre National de la Recherche Scientifique, Paris.

Delattre, Pierre. (1965) *Comparing the Phonetic Features of English, French, German and Spanish*, Chilton, Philadelphia et New York.

_____. (1966) *Studies in French and Comparative Phonetics*, Mouton, La Haye.

Dell, François. (1973) *Les Règles et les sons*, Hermann, Paris.

Dubois, Jean et Françoise Dubois-Charlier. (1970) *Eléments de linguistique française: syntaxe*, Larousse, Paris.

_____ et René Lagane. (1973) *La Nouvelle grammaire du français*, Larousse, Paris.

Fónagy, Ivan et Pierre R. Léon, Dir. (1979) *L'accent en français contemporain*, Studia Phonetica 15. Didier, Ottawa.

Grundstrom, Allan et Pierre R. Léon, Dir. (1973) *Interrogation et intonation*, Studia Phonetica 8, Didier, Ottawa.

Kayne, Richard S. (1975) *French Syntax: the transformational cycle*, M.I.T. Press, Cambridge, Mass.

Leclerc, Jacques. (1979) *Qu'est-ce que la langue*, Monda Editeurs, Laval, Québec.

Le Galliot, Jean. (1975) *Description générative et transformationelle de la langue française*, Nathan, Paris.

Léon, Pierre R. (1972a) *Prononciation du français standard*, 2me éd., Didier, Paris.

_____. (1972b) Etude de la prononciation du 'e' accentué chez un groupe de jeunes Parisiens, *Papers in Linguistics and Phonetics in the Memory of Pierre Delattre*, Albert Valdman, Dir., Mouton, La Haye.

Love, Nigel. (1981) *Generative Phonology: A case-study from French*, John Benjamins B.V., Amsterdam.

Malécot, André. (1977) *Introduction à la phonétique française*, Mouton, La Haye, Paris.

_____ et Gérard Chollet. (1977) The Acoustic Status of the Mute-e in French, *Phonetica* 34: 19-30.

Malmberg, Bertil. (1972) *Phonétique Française*, Hermods, Malmö, Suède.

Marchal, Alain. (1980) *Les sons et la parole*, Guérin, Montréal.

Nique, Christian. (1974) *Initiation méthodique à la grammaire générative*, Armand Colin, Paris.

_____. (1978) *Grammaire générative: hypothèses et argumentations*, Armand Colin, Paris.
Picabia, Lélia. (1975) *Eléments de grammaire générative: applications au français*, Armand Colin, Paris.
Pulgram, Ernst. (1970) *Syllable, Word, Nexus, Cursus*, Mouton, La Haye.
_____. (1975) *Latin-Romance Phonology: prosodics and metrics*, B.W. Fink, Munich.
Rigault, André. (1965) *Introduction à la phonétique française, En France, comme si vous y étiez*, Hachette, Paris.
_____. (1968) Les marques du genres, *La grammaire du français parlé*, André Rigualt, Dir., pp. 37-43. Le Français dans le Monde 57.
Schane, Sanford A. (1968) *French Phonology and Morphology*, M.I.T. Press, Cambridge, Mass.
Séguinot, André, Dir. (1976) *L'accent d'insistance/Emphatic Stress, Studia Phonetica* 12, Didier, Montréal, Paris, Bruxelles.
Terry, Robert M. (1970) *Contemporary French Interrogative Structures*, Editions Cosmos, Montréal.
Valdman, Albert. (1976) *Introduction to French Phonology and Morphology*, Newbury House, Rowley, Massachusetts.

Index

accent, 68.
  d'insistance, 77-79.
accentuel, 67.
accord
  dans le syntagme nominal, 187-188.
  de la personne-nombre, 201.
adjectival, syntagme, 162, 185-187.
adverbial, syntagme, 162, 164-166.
  de manière, 209.
  de quantité, 183.
  transformations de, 166.
affixation, 105, 107-108.
affixe, 108.
  transformation de, 163-164.
allophone, 41.
alphabet phonétique international, 9.
alternances
  vocaliques du radical verbal, 137.
  des voyelles moyennes, 45-48.
alvéolaire, 27, 29.
alvéoles, 16, 27.
anticipation vocalique, 63.
arbre structural, 159.
arrondissement des lèvres, 21-23.
article, 180-183.
articulation, 15-38.
  consonantique, 26.
  lieu de, 18, 26.
  mode de, 18, 26.
  semi-vocalique, 25.
  vocalique, 18.
aspect, 193, 195-196.
  verbe aspectuel, 195.
assimilation, 62-64.
attribut, 207.

bilabial, 26, 29.

cardinal, 183-184.
cavité buccale, 16.
cavité pharyngienne, 16.
chaîne parlée, 59.
coarticulation, 62.
complément
  de l'adjectif, 186.
  du verbe, 208.
composition, 105, 107, 114-116.

consonne, 9-10.
  finales des numéraux, 85.
  latente, 84.
  sous-jacente, 81.
  stable, 84.
consonnes françaises
  répertoire de, 29.
  suites permises, 60-62, 98-99.
  système consonantique, 39.
  traits pertinents de, 44.
copule, 161, 207-208.
cordes vocales, 15-16.
coup de glotte, 17-18.

dental, 26, 29.
dérivation (des mots), 105, 107.
  composition, 105.
  impropre, 113.
  sans affixe, 113-114.
déterminant/déterminé, 114.
déterminant, 161, 180-185.
distribution complémentaire, 43, 47.

E latent, 13, 95-102.
  semi-vocalisation de, 142.
/ə/ de soutien, 96, 100-101.
enchaînement, 83.
épiglotte, 16.

flexion, 105.
  des substantifs et adjectifs, 121-130.
  verbale, 133-150.
fosses nasales, 16.
français standard, 5, 47.
fricatif, 28-29.
fusion des voyelles hautes, 148.
futur, temps du, 143-146, 193-194.

genre, 121-124.
glotte, 15-16.
  coup de glotte, 17-18.
  états de, 17.
grammaire, 3, 5.
groupe accentuel, 67-69, 73.
groupe intonatif, 69-76.

H aspiré, 97.
harmonie vocalique, 50.

Index

indéfini, 184.
indentité, 184.
impératif, 75-77, 167, 171-172.
indicateur syntagmatique, 159.
intensité, 67.
intonatif, 67.

labialisé, 29.
labiodental, 26-29.
langue, 16.
   positions de, 19-20.
larynx, 16.
latéral, 29.
lèvres, 16.
   arrondies, 21.
   écartées, 21.
lèvres vocales, 15-18.
lexique, 84.
liaison, 83-91.
luette, 16.

modalité, 75, 166-167.
   déclarative, 75, 167-169.
   impérative, 75, 167, 171-172.
   interrogative, 75, 167,169-171.
modal, 196.
mode d'articulation, 18, 28.
morphologie, 6, 105.
morphème, 105.

nasalité, 23.
ne
   insertion par transformation, 198.
négation, 196.
   générale, 196-198.
   localisée, 196, 198-199.
neutralisation, 47-48.
nom, 178-180.
   personnel, 179.
   propre, 179.
nombre, 124-130.
nominal, syntagme, 159, 177-188.
noyau de la phrase, 167.
numéral, 184.

obstruant, 28-29, 31.
occlusif, 28-29.
organes de la parole, 15-16.

paire minimale, 9, 40.
palais dur, 16.
palais mou, 16.
palatal, 27, 29.
palatalisée, 63.
parfait, 193-194.
participe
   passé, 146-147.
   présent, 141.
particulier, 184.
partitif, 183.
passé, 146-150, 194-195.
passé surcomposé, 195.
passif, 199.
patrons prosodiques, 73-77.
personne-nombre, 133.
pharynx, 16.
phonation, 15.
phonème, 39-54, 41, 50.
phonétique, 15.
phonologie, 6, 15, 39.
phrase
   constituants principaux de, 159.
   modalités de, 166.
   simple, 159-172.
   structure de, 157.
postarticle, 184-185.
préarticle, 182-183.
préfixation, 112-113.
préfixe, 107.
prosodie, 67.

qualité vocalique, 18, 23.
quantité, 183.
question totale (ou partielle), 75.

radical, 107, 133.
   alternance vocalique de, 137.
règle d'insertion lexicale, 158.
règle de réécriture, 159.
règle de sous-catégorisation, 157.
règles morphophonologiques, 142.
   ajustement nasal, 130.
   alternance vocalique du radical, 137.
   E accentué, 97.
   E devant H aspiré, 97.
   E final, 98.
   E non-final, 98.

règles morphophonologiques (suite)
  /ə/ de soutien, 96.
  /ə/ devant résonnante, 100.
  fusion des voyelles hautes, 148.
  liaison par insertion, 85.
  nasalisation, 129.
  semi-vocalisation du E et /e/, 143.
  vélarisation devant J, 128.
  vélarisation devant L, 126-127.
  yod épenthétique, 140.
règles syntagmatiques, 157, 159.
règles transformationnelles, 158, 164.
  accord de la personne-nombre, 201.
  accord du genre, 187.
  accord du nombre, 188.
  adverbial, 166.
  affixe, 163-164.
  attribut non-spécifié, 208.
  déclarative, 168.
  déplacement du déterminant, 179,
  effacement du déterminant, 179.
  impérative, 172.
  indéfinie, 184.
  insertion de *ne*, 198.
  interrogative, 170.
  négation générale, 197.
  partitive, 183.
  passive, 200.
règle variable, 159.
résonance, 18, 23.
résonnante, 28-31.

semi-vocalisation, 51-54.
  du E et /e/, 135.
semi-voyelle, 12, 25, 30, 50-54.
  traits pertinents de, 51.
séquence terminale, 160.
série minimale, 9-11
sonorité, 29-31, 41.
spécifiant, 182.
structure
  de surface, 158.
  profonde, 4, 158.
  sous-jacente, 158.
suffixation, 108-112.
suffixe, 107-123.
  adjectival, 110.
  adverbial, 112.

  féminin, 122-123.
  genre de, 123.
  masculin, 122-123.
  verbal, 111.
suite terminale, 160.
syllabation, 13, 45.
  ouverte, 59-60.
syllabe, 12-13, 50, 59-64.
  entravée, 45.
  fermée, 12-13, 45-49.
  libre, 45.
  ouverte, 12-13, 45-49.
syllabique, 50.
symbole catégoriel, 159.
symbole phonétique, 9-11.
syntaxe, 6.

temporel, syntagme, 162, 193-201.
  temps, 193-195.
  aspect, 193, 195-196.
  modal, 193, 196.
  négation, 193, 196-199.
  passif, 193, 199-200.
temps
  composés, 150, 194, 195.
  conditionnel, 143-146, 194.
  futur, 143-146, 194.
  imparfait, 143, 163, 193-194.
  participe passé, 146-150, 195.
  passé simple, 146-150, 194.
  présent, 134-141, 163, 193.
temps-mode, 133.
tête
  de groupe accentuel, 68.
  de syntagme, 178.
timbre vocalique, 18, 20.
tout, 183.
trait distinctif, 39, 41.
trait pertinent, 41, 43-45.
transcription phonétique, 9-14, 29, 41.

uvulaire, 27, 29.

variantes combinatoires, 43.
variantes libres, 43.
vélaire, 27, 29.
vélarisation
  devant J, 128.

vélarisation (suite)
    devant L, 126.
vélarisée, 64.
verbal, syntagme, 59.
    adverbe de manière, 209.
    complément, 208.
    copule, 207-208.
    verbe, 160-162, 208-209.
verbe aspectuel, 195.
voile du palais, 23.
voisement, 15, 18, 31.
voyelle, 11-12.
    antérieure, 20-23.
    arrondie, 21-23.
    articulation de, 18.
    basse, 20, 23.
    écartée, 21-23.
    haute, 20, 23.
    mi-basse, 20, 23.
    mi-haute, 20, 23.
    nasale, 23-25.
    orale, 19.
    postérieure, 20-23.
voyelles françaises
    moyennes, 45-50.
    répertoire de, 25.
    système vocalique, 44-45.
    traits pertinents de, 45-46.
voyelles moyennes, 45-50.

yod, 30.
    yod épenthétique, 139-140.

0-8191-3569-0